Sante de Santis

Italien

Die Küche meiner Heimat

Sante de Santis

Italien

Die Küche meiner Heimat

FALKEN

ANTIPASTI
Ouvertüren des italienischen Menüs und kulinarische Vorspiele

PRIMI PIATTI
Feine Köstlichkeiten für den ersten Hunger

SECONDI PIATTI
Höhepunkte einer Mahlzeit und das Highlight eines jeden Menüs

CONTORNI
Aromatisch – sanfte Begleiter des Hauptgangs

DOLCI
Krönende Abschlüsse eines perfekten Menüs

Inhalt

Vorwort

Kultur und Küche

Die Küche Italiens ist nicht nur eine Küche der nördlichen Regionen, sie vereint zwanzig verschiedene Küchen, von denen jede einzelne ihre Spezialitäten hat. Es ist schwierig, davon ein Bild zu bekommen, wenn man immer nur die bereits bekannten Gerichte vorstellt. Mir ist daran gelegen, ein authentisches Bild von Italien zu zeichen, das nicht dem Klischee entspricht, das in den Köpfen der meisten Menschen existiert.
Italien blickt auf eine wechselvolle Geschichte zurück. Die einzelnen Regionen haben viele Herren gesehen, entsprechend hat sich ihre Kultur und natürlich ihre Küche geprägt, die im Norden eine völlig andere ist wie im Süden. Während die Küche des Nordens von dem lebt, was Wald, Feld und Binnengewässer zu bieten haben, schwelgt die Küche des Südens in den Reichtümern, die ihr das Meer schenkt. Bei den nördlichen Regionen wird in den Gerichten die Beeinflussung durch die sie umgebenden Nachbarn deutlich. Obwohl es im Süden keine unmittelbaren Nachbarn gibt, weil das Meer das Land von allen Seiten umschließt, stellt man doch Gemeinsamkeiten mit anderen Mittelmeerländern fest, was schließlich auch mit der verbindenden Geschichte zu tun hat. Was die Italiener jedoch vor allen anderen Nationen auszeichnet, ist ihre Freude am Essen und Genießen, die sie sich auch in der heutigen Zeit bewahrt haben. Wenn man also von Italien erzählen will, sollte man auch von den Essgewohnheiten und von den kulinarischen Besonderheiten sprechen.

Die Raffinesse des Einfachen

Das Geheimnis der italienischen Küche liegt in ihrer Einfachheit und der sorgfältigen Auswahl bester Zutaten. Denken Sie nur an den Insalata Caprese. Alles, was man dafür braucht, sind Tomaten, Mozzarella, Basilikum und Öl. Und doch kann ein Insalata Caprese ein Genuss oder ein Flop sein, je nachdem von welcher Qualität die Zutaten waren. Will man gut kochen, muss man auch bewusst einkaufen.

Pasta, Pasta, Pasta

Italiener sind Nudelesser. 365 Tage im Jahr verspeisen sie Nudeln und jeden Tag mit Freude, denn es gibt so viele verschiedene Nudelsorten, dass überhaupt keine Langeweile aufkommen kann.
Doch ist das bei weitem nicht alles. Eine typisch italienische Mahlzeit besteht eigentlich immer aus einer Vorspeise, einem Nudelgang, einem Hauptgericht und einem Dessert, das häufig einfach ein Stück frisches Obst ist. Denn eine Mahlzeit muss ja mit Eiweiß, Kohlenhydraten und Vitaminen versorgen und das wäre mit nur einem Gang, z. B. einem Nudelgericht, nicht zu schaffen. Dabei macht die italienische Küche nicht dick, wenn man die einzelnen Gänge richtig dosiert. Ich beispielsweise kam nach Deutschland und brachte 40 Kilogramm weniger auf die Waage als heute. Ich liebe die deutsche Küche, aber ich habe sie genossen wie die italienische Küche und das war ein Fehler.
Fleisch und Nudeln in einem Gang wie in Deutschland sind beispielsweise in Italien undenkbar. Wenn meine Mutter ein Ragout kocht, dann kann es sein, dass man die Sauce mit Nudeln als ersten Gang isst, das Fleisch kommt danach mit etwas Gemüse.
Überhaupt spielen Saucen bei uns eine eher untergeordnete Rolle. Man liebt den Eigengeschmack der Speisen, der nicht überdeckt werden soll. Deshalb hat auch Sahne in den Saucen keine so große Bedeutung wie in Deutschland.

Freude am Kochen und Gästebewirten, am Essen und Genießen – das zeichnet uns Italiener besonders aus

Keine Mahlzeit ohne Brot

Die einzigen Gerichte, zu denen ein Italiener kein Brot isst, sind Pasta, Risotto und natürlich Dolci. Zu allen anderen Gerichten, bzw. Gängen wird immer Brot gereicht. Bei den Antipasti können Grissini das Brot ersetzen.
Es gibt in Italien nicht annähernd so viele Brotsorten wie in Deutschland, aber doch eine erstaunliche Vielfalt, die von Region zu Region variiert. In ganz Italien verbreitet ist pane al metro. Dieses Weißbrot, das man tatsächlich meterweise kaufen kann, wird aus Pizzateig gemacht und in speziellen, 7 bis 10 Meter langen Öfen gebacken. Focaccia kommt ursprünglich aus dem Süden Italiens, ist aber heute überall erhältlich. Es ist ein Zwischending zwischen Pizza und Brot und lässt sich für vieles verwenden.
In Rom gibt es rosetta. Ich liebe dieses Brot, das aussieht wie eine Rose, die anstelle des Blütenstempels ein Loch hat. Es ist außen knusprig und innen weich. Man kann es so essen oder füllen, Sie sollten es unbedingt einmal versuchen. Ein anderes Brot, das ich auch hier in Deutschland esse, ist eine Art Bauernbrot, pagnotta. Eine richtige pagnotta zu backen ist eine Kunst, denn die Laibe sind sehr groß. Wenn man diese Kunst nicht beherrscht, ist der Teig entweder nicht richtig durchgebacken oder man findet Mehlstücke darin. Über die Grenzen Italiens hinaus bekannt geworden ist ciabatta, das toskanische Landbrot, von dem man die köstliche bruschetta zubereitet. Das Backen von Brot ist in Italien auch heute noch eine hoch geschätzte Kunst. Sie hat noch nicht den Grad der Industrialisierung erreicht, wie dies in Deutschland der Fall ist. Bei uns werden die Teige alle noch selbst gemacht und es gibt auch keine fertigen Mehlmischungen. Das kann ich mit Bestimmtheit sagen, denn ich stamme aus einer Bäckerfamilie. Die wahre Kunst liegt doch darin, dass ein Mensch etwas mit seinen eigenen Händen schafft und das kann nicht bedeuten, dass er auf Vorgefertigtes zurückgreift.
Italien ist ein Land der Extreme, auch im Bezug auf seine Brotsorten. Ich glaube, man könnte ohne Übertreibung sagen, dass das dünnste und das dickste Brot aus Italien kommen: Pane sardo ist ein hauchdünnes Brot, durch das man ohne große Mühe auch die Zeitung lesen könnte, ein Meisterstück der Bäckerkunst, das man sowohl frisch aus dem Ofen als auch altbacken essen kann. Das dickste Brot ist pagnotta.
Vom französischen Baguette inspiriert ist ciriola, ein schlankes, längliches Brot. Es ist etwas kürzer als ein Baguette und auch kompakter im Teig, obwohl es viele kleine Luftlöcher hat. Meiner Meinung nach passt es perfekt zu Salami.

Regionale Besonderheiten

Wie bereits eingangs erwähnt, hat jede Region in Italien ihre eigenen Spezialitäten, die vom Klima und von den landschaftlichen Bedingungen geprägt sind. Begleiten Sie mich nun auf einem kulinarischen Streifzug durch einige ausgewählte Provinzen.

Die sanften Hügel der Toskana

Die nördlichen Grenzprovinzen

Aostatal, Piemont, Südtirol, und Friaul-Jülisch Venetien sind deutlich von ihren Nachbarn beeinflusst. Ihre Küche ist einfach, bodenständig und sättigend, wobei Produkte aus der Almwirtschaft eine große Rolle spielen. Speckknödel und Schlutzkrapfen findet man hier ebenso wie Kaiserschmarrn und Apfelstrudel. Auch geräuchter Speck ist hier zu genießen.

Lombardei, Venetien, Emilia-Romagna

Die Poebene liefert den »Stoff« für Risotti, die in ganz Italien beliebt sind, doch unbestritten in Mailand am besten zubereitet werden. In dem milden Klima gedeihen verschiedene Reissorten, unter anderen Arborio, Vialone und sogar Basmati.

Ligurien, Toskana, Umbrien und Marken

Ligurien ist bekannt für seine Gewürze (von hier kommt das berühmte Pesto) und seine vielfältige Gemüseküche. Natürlich bestimmt auch Fisch die Speisekarte. Mit der Toskana verbindet man bruschetta, Chianti, Olivenöl und üppige Fleischgerichte. Umbrien wartet mit kulinarischen Schätzen wie Trüffel, Oliven, Olivenölen und traumhaften Nudelgerichten und einer unberührten reichen Natur auf — man fühlt sich in die Zeit des Franz von Assisi versetzt. Es ist einfach schön.

Latium: Osterbrunch in der heiligen Stadt

Die Römer sind die Könige des zweiten Schnitts, denn die arme Bevölkerung konnte sich feine Fleischstücke wie Braten oder Filet nicht leisten. So haben sie sich darauf spezialisiert, aus den »Resten« wahre Delikatessen zu zaubern. An Ostern gibt es beispielsweise ein ausgedehntes Frühstück, man würde sagen einen Brunch, bei dem traditionell coratella, ein Ragout aus Herz, Leber und Lunge eines Schafes, das mit Zwiebeln, Knoblauch und Olivenöl geschmort wird, auf den Tisch kommt. Die ganze Familie mit Kindern und Kindeskindern versammelt sich um den Tisch und isst und schlemmt. Da man 1 Stunde vor der heiligen Messe nichts mehr zu sich nehmen sollte, gehen an Ostern wenige Leute zur Kommunion, denn die meisten haben gegessen, bis sie sich zur Kirche aufmachen und essen auch anschließend weiter. Eine Standardfrage an Ostern ist deshalb: Hast du heute schon gefrühstückt?

Kampanien und Basilicata

Die Neapolitaner sind berühmt für ihre Pizza und für die Vielfalt an Pastagerichten. Man isst Unmengen von Gemüse und würzt gerne mit den kleinen scharfen peperoncini.
Von den Neapolitanern habe ich einen Trick abgeschaut, der mich beeindruckt hat. Dort gibt es natürlich sehr viele Fischgerichte beziehungsweise Meeresfrüchte. Damit die Meeresfrüchte zart und weich werden, wirft man Flaschenkorken in die Brühe, das entzieht Bitterstoffe und macht das Fleisch weich und zart.

Abruzzen, Molise und Apulien

Hier findet man einfache Pasta- und Hülsenfruchtrezepte, die oft mit Peperoni scharf gewürzt sind. Lammfleisch wird ebenso gerne gegessen wie Fisch.

Kalabrien und Sizilien

Schaf- und Ziegenherden prägen die Landschaft, entsprechend findet man Lamm- und Ziegenfleisch sowie Schafs- und Ziegenkäsespezialitäten. Der orientalische Einfluss wird deutlich am Gebrauch von exotischen Gewürzen und an der Vielzahl orientalisch angehauchter Süßigkeiten. Sizilien verdanken wir unter anderem die Kunst der Dessertzubereitung. Sizilien hat im Laufe seiner 9000-jährigen Geschichte viele verschiedene Kolonialisierungen erlebt. Deshalb gibt es den dunkelhaarigen und -häutigen Typ, der von türkischen Vorfahren abstammt und der gemeinhin das Bild vom Sizilianer prägt. Aber auch blonde und blauäugige Sizilianer, was auf die Besiedlung durch die Normannen zurückzuführen ist. Schon früh spielte Sizilien eine große Rolle im Welthandel; lange bevor Venedig das Tor zur Welt wurde, war Sizilien die Perle des Orients. Und die ersten Italiener, die Italiker, kamen von Sizilien nach Süditalien.

Sardinien

Wie im Latium liebt man auch in Sardinien Lammfleisch und Schafsmilchprodukte wie Pecorino und Ricotta. Ansonsten ist die Küche reich an Meeresfrüchten, Fischen und Gemüse.

Hinweise zu den Rezepten

Im anschließenden Rezeptteil finden Sie eine Fülle typisch italienischer Gerichte. Damit beim Nachkochen nichts schief gehen kann, hier noch einige Informationen dazu:

- Bei den Rezepten steht jeweils dabei, wie viele Portionen das Gericht ergibt.

- Die Zeitangaben in den Rezeptköpfen geben an, wie lange Sie für die Zubereitung des Gerichtes brauchen. Längere Sonderzeiten, wie z.B. die Zeit zum Kühlen oder zum Gehen lassen eines Teiges, sind extra ausgewiesen und müssen zur Zubereitungszeit hinzugerechnet werden.

- Die Kalorienangaben beziehen sich immer auf 1 Portion bzw. 1 Stück des Gerichtes.

- Wenn nicht anders angegeben, beziehen sich die Zutatenmengen bei Obst und Gemüse auf die ungeputze Rohware. Bei Stückangaben (z. B. 1 Zucchini) gehe ich von einem Stück mittlerer Größe aus.

- Die Backofentemperaturen beziehen sich auf einen Ofen mit Ober- und Unterhitze. Wenn Sie mit Umluft arbeiten möchten, reduzieren Sie die Temperatur um ca. 20 Prozent. Die Backzeit bleibt dann gleich.

Abkürzungen

TL	= Teelöffel (gestrichen)
EL	= Esslöffel (gestrichen)
g	= Gramm (1000 g = 1 kg)
kg	= Kilogramm
ml	= Milliliter (1000 ml = 1 l)
cl	= Zentliter (1 cl = 10 ml = 1 EL)
l	= Liter
Msp.	= Messerspitze
TK-...	= Tiefkühl-...
kcal	= Kilokalorien

Anti-
pasti

»Sie sind die Ouvertüre des italienischen Menüs, das kulinarische Vorspiel, das Gäste, Familie und Freunde auf die folgenden Genüsse einstimmen soll.«

Tritt ein Antipasto als Solist auf, verfehlt er seine Wirkung. Nur in einer harmonischen Komposition erreichen Antipasti das angestrebte Ziel und verlocken Augen und Gaumen gleichermaßen. Wichtigster Grundsatz: Je üppiger die nachfolgenden Gänge, desto leichter sollten die Antipasti sein.
Auf den nächsten Seiten präsentiere ich Ihnen die schönsten Antipasti-Rezepte aus meiner Heimat. Schwelgen Sie in Crostini, Insalata caprese, Panzanella und anderen Köstlichkeiten.

Antipasti – bunte Vielfalt

»Antipasti sind der Einstieg eines jeden italienischen Menüs – sie zu genießen ist ein Ritual!«

Bei uns in Italien sind Antipasti der wichtigste Gang eines Menüs. Sie haben eine noch größere Bedeutung als Nudelgerichte. Antipasto bedeutet »vor der Nudel«.
Antipasti sind ein wichtiger Bestandteil im Ablauf eines Tages: Ihr Genuss ist ein Ritual. Man kommt von der Arbeit nach Hause, stellt einige feine Kleinigkeiten auf den Tisch, etwas frisches Brot und Wein und beginnt zu essen. Dabei wird meist noch nicht gesprochen, denn jetzt wird erst einmal der erste Hunger gestillt und die Last des Tages abgelegt.
Danach wird es lebendig: Man diskutiert, erzählt sich Neuigkeiten und berichtet von den Ereignissen des Tages, während auf dem Herd die Nudeln kochen. Dabei spielt sich oft alles in der Küche ab, denn sie ist meist der zentrale Ort des Hauses oder der Wohnung. Dort sitzt man gemeinsam am Tisch, bereitet das Essen zu, isst, spricht und lacht miteinander.

Italien – Land der Käse

Es ist ein alter Streit zwischen Frankreich und Italien, wer wohl die meisten und die besten Käsesorten hat. Ich kann das nicht beurteilen. Wichtig ist nur festzustellen, dass in Italien mehr als 400 Käsesorten eine Ursprungsbezeichnung (DOC) haben, die von einem Konsortium geschützt wird. Das betrifft so berühmte Käsesorten wie Asiago, Parmigiano Reggiano, Grana Padano, Pecorino, Gorgonzola oder Fontina, um nur einige zu nennen. Eine Besonderheit sind die fromaggi di fossa, die in bis zu 20 Meter tiefen, Brunnen ähnlichen Schächten reifen.

Parmigiano Reggiano – König der Käse

Parmesan, oder präziser Parmigiani Reggiano, findet man auf der ganzen Welt, deshalb ist er für mich der König der Käse. Parmesan sage ich deshalb nicht so gerne, weil unter dieser Bezeichnung in Deutschland auch Grana padano angeboten wird. Nicht dass ich der Meinung wäre, das sei ein Käse zweiter Klasse. Im Gegenteil, zu manchen Gerichten passt Grana einfach besser als Parmesan. Aber gerade deshalb ist die Unterscheidung so wichtig. Übrigens liegen die Regionen, die diese beiden Käsesorten produzieren auch ständig im Streit, welches nun der bessere Käse sei. Für mich ist das nicht die Frage. Entscheidend ist, welcher Käse zu welchem Gericht besser passt. Ich liebe beispielsweise die körnige Struktur des Grana, die herrlich zu frischen Gerichten passt, er ist weicher und vielleicht auch ein bisschen gefälliger als der komplexe und ausgereifte Parmigiano.

Für Liebhaber – Käse aus Rohmilch

Es gibt viele, sehr bekannte Rohmilchkäse, wie etwa Taleggio, aber für mich ist Stracchino der beste. Stracchino heißt ermattet. Dieser Käse ist ein vollfetter, streichfähiger und sehr milder Käse, der nur im Herbst und Winter hergestellt wird.

Mortadella – Wurst der Superlative

Die verschiedenen Salamisorten und Mortadelle sind die wichtigsten Wurstwaren Italiens. Mortadella ist eine Frischwurst, die ursprünglich den Reichen vorbehalten war, heute gilt sie als Wurst des armen Mannes. Sie wird aus Schweinfleisch und Fettstreifen gemacht – früher aus Eselsfleisch.

Bei der Mortadella gilt: je größer, desto besser. Die größte mir bekannte Mortadella ist 11 m lang, erreicht einen Durchmesser von 80 cm und wiegt beinahe 2000 kg (2 Tonnen).

Prosciutto di Parma – der König der Schinken

Die Produktion dieses Schinkens hat eine lange Tradition. Er wird unter strengen Auflagen hergestellt, deren Einhaltung von einem unabhängigen Konsortium überwacht werden. Das Fleisch für diese Schinkenspezialität stammt von Schweinen aus der Gegend von Parma. Natürlich wurde die Produktion zwischenzeitlich technisch perfektioniert, aber die Hand des Menschen ist immer noch wichtig. Die Hauptzutaten für einen guten Parmaschinken sind Fleisch, Salz und Zeit.

Prosciutto di Parma schmeckt leicht süßlich – darauf sind die Produzenten besonders stolz, denn man würde erwarten, dass ein gepökelter, also gesalzener Schinken, auch salzig schmeckt. Wie also erreicht man den leicht süßlichen Geschmack? Das ganze Geheimnis ist die Reifezeit: Ein Parmaschinken sollte im Idealfall 18 Monate trocknen, dann hat sich das Salz im ganzen Schinken verteilt, der Schinken ist auch im Kern ganz trocken und schmeckt nicht mehr nach rohem Fleisch.

Prosciutto di Parma ist teuer, denn bei der Trocknung verliert er etwa 30% seines ursprünglichen Gewichtes. Der hohe Gewichtsverlust ist auch der Grund, warum viele verantwortungslose Produzenten die Schinken aus der Trocknung nehmen, bevor sie richtig durchgereift sind.

Schnüffler in Sachen Qualität

Ein Faktor, der die Erträge schmälert, ist verdorbenes Fleisch. Da der Schinken ja nicht von allen Seiten von Haut umgeben ist, können auch schädliche Bakterien in ihn eindringen. Um dies zu verhindern, werden die Schinken an der offenen Seite, vor allem am Knochen mit einer Mischung aus Schweineschmalz, Salz und Pfeffer bestrichen. Es ist sehr beeindruckend, den Männern bei dieser Arbeit zuzusehen: Mit einer einzigen, eleganten Handbewegung tragen sie die Fettmischung im Bereich des Knochens auf den Schinken auf, so ist er vor Eindringlingen optimal geschützt. Dennoch findet man unter tausend Schinken zwei bis drei verdorbene. Doch wie soll man das feststellen, ohne sie anzuschneiden? Jeden Tag prüft ein so genannter Schnüffler unzählige Schinken auf ihre Qualität. Mit sicherer Nase entdeckt er, wenn ein Schinken verdorben ist. Was tut ein Schnüffler? Er testet die Schinken mit einem osso, einem Rinderknochen, der zu diesem Zweck von einem ossaro (Knochenschleifer) hauchfein geschliffen wird, bis er schärfer ist als eine Nadel. Damit wird in den Schinken gestochen und dann nach dem Herausziehen daran gerochen. Ich wollte wissen, ob man tatsächlich einen verdorbenen Schinken erkennt und habe einen Schnüffler bei seiner Arbeit begleitet. Er hat mich an der Nadel riechen lassen und gesagt: »Dieser ist in Ordnung.« Ich habe gerochen und nur erwidert: »Ich rieche nichts anderes als Schinken! Zeig mir einen anderen.« Der nächste war wieder in Ordnung. Dann kam ein verdorbener Schinken. Und tatsächlich – ich konnte den Unterschied deutlich riechen.

Auf dieselbe Art wie Parmaschinken wird übrigens auch San Daniele Schinken hergestellt, nur dass dieser deutlich herzhafter schmeckt.

Bresaola – das Bündner Fleisch Italiens

Bresaola ist eine beliebte Spezialität, die im Gegensatz zu Schinken aus Rindfleisch, und zwar aus dem Rückenstück gemacht wird. Dieses Fleisch wird nicht gesalzen, sondern nur getrocknet. Besonders köstlich schmeckt es hauchdünn aufgeschnitten und dann mit reichlich Zitronensaft beträufelt.

Essig und Öl

Unter den vielen verschiedenen Essigsorten Italiens ist die berühmteste, aber auch die teuerste der Aceto balsamico, von dem es wieder unterschiedliche Qualitätsstufen gibt. Der teuerste und beste ist Aceto balsamico tradizionale di Modena. Balsamessig ist herrlich würzig, beinahe dickflüssig und fast süß, sodass man ihn nicht nur für Salate, sondern auch zum Abschmecken von Saucen nehmen kann. Oft genügt ein kleiner Tropfen davon und ein Gericht wird geadelt. Aber er ist nicht für alles ideal und gehört auf keinen Fall über eine Insalata caprese! Auch Rucola mit seinem leicht bitteren und scharfen Geschmack verträgt sich besser mit normalem Weißweinessig. Für den täglichen Gebrauch hat man in Italien noch eine Vielzahl anderer, preiswerterer Essigsorten wie Weißwein- oder Rotweinessig.

Olivenöl – flüssiges Grün

Olivenöl ist das älteste bekannte Öl, die Geschichte seiner Gewinnung reicht über 9000 Jahre zurück. Wie Essig spielt es traditionell eine große Rolle bei der Konservierung von Nahrungsmitteln, denn in Öl Eingelegtes ist lange haltbar und im Gegensatz zu Lebensmitteln, die in Essig eingelegt werden, bleibt auch ihr Eigengeschmack besser erhalten. Außerdem lässt sich in Öl nahezu alles konservieren, während Essig viele Lebensmittel auslaugt.

Die toskanischen Olivenöle sind weltweit sicher die bekanntesten, weil sie dort in großen Mengen produziert werden, aber auch in Ligurien, Umbrien oder Latium werden erstklassige Öle hergestellt. Ein wunderbares Öl kommt vom Trasimeno See. All diese Öle unterliegen einer sehr strengen Qualitätskontrolle.

Aceto balsamico ist unter den vielen verschiedenen Essigsorten Italiens die berühmteste – aber auch die teuerste

Grissini der Superlative von Bäcker Corino – ein Gemüse zu jedem Antipastiteller

Crostini – knusprige Gaumenschmeichler

Jede Region hat ihre eigene Crostini-Variation und dies nicht erst seit die europäische Küche Crostini als amuse gueule für sich entdeckt hat. Vielmehr haben Crostini in Italien lange Tradition.

Für mich sind die toskanischen Crostini-Variationen unerreicht. Dort bekommt man – meist auf ciabatta – verschiedene patés serviert: Lebercreme, Olivenpaste, Pilz- oder Fischcreme. Und wer kennt nicht die verführerisch einfachen Brote mit einem Belag aus Tomaten, Basilikum und Knoblauch. Die Krönung des Ganzen sind einige Tropfen feinsten Olivenöls.

In Apulien und Kalabrien nimmt man trockenes Brot, das man unter fließendem kaltem Wasser kurz anfeuchtet und dann meist mit einer Mischung aus gewürfelten Tomaten und Basilikum serviert.

Ganz delikat schmeckt auch die klassische Bruschetta romana, das ist eine Scheibe Bauernbrot, die gegrillt und mit einem Faden – einem filo – Olivenöl beträufelt wird. In Abwandlung dieses feinen Rezeptes wird das Brot mit Knoblauch bestrichen und mit etwas Salz bestreut. In jedem Fall sollte das Brot dafür altbacken sein, denn frisches Brot lässt sich nicht gut grillen, außerdem wird es innen leicht trocken.

Für den typisch römischen Crostino wird Brot mit einer Scheibe Scamorza belegt und im Ofen gegrillt. Scamorza ist ein Art Mozzarella und wird aus Kuhmilch hergestellt. Etwa 1 Minute, bevor man das Brot aus dem Ofen nimmt, wird es mit zwei Scheiben luftgetrocknetem Schinken belegt, das kann ein Prosciutto di Parma sein, aber auch jeder andere luftgetrocknete Schinken.

Pizza ist nicht gleich Pizza

Wie bei den Crostini, so gibt es auch bei Pizza regionale Unterschiede. Natürlich kann man den Belag bestimmen, aber man kann nicht festlegen, wie die Beschaffenheit des Teiges ist. In Neapel ist der Rand der Pizza dick, der Boden aber dünn und knusprig. In Rom ist der Teig dagegen weich und elastisch.

Worüber ich mich hier in Deutschland immer wieder amüsiere, ist die Pizza mit Salami. Ich würde gerne wissen, woher die Idee stammt, Salami mitzubacken. In Italien würde das kein Mensch tun. Bei uns findet man niemals Salami auf einer Pizza, weil sie viel zu salzig ist. Wenn es schon sein muss, dann sollte man sie sofort nach dem Backen auf die heiße Pizza legen.

Ein Vorspeisenteller all'Italiana

Hier gilt der Grundsatz : „Vielfalt ohne Schnörkel." Denn die Zusammenstellung eines Vorspeisentellers hängt zum einen von der Jahreszeit ab, zum anderen von den Vorlieben jedes Einzelnen. Wenn zum Beispiel Spargelzeit ist, wird auf meinem Vorspeisenteller nie Spargel fehlen. Das heißt, ich gehe über den Markt und kaufe die Gemüse, die gerade Saison haben. Dazu kann man dann noch Fisch, Salami oder Schinken reichen und natürlich Brot, bitte nicht zu dünn geschnitten, etwa 1 ½ cm dick.

Piatto freddo **di ortaggi**

Kalte Gemüsevorspeise

- **Spezialität von Sante**
- **etwas aufwendig**

- **Für 6 Personen**
- **Zeit zum Ziehen: ca. 24 Stunden**
- **Trockenzeit: ca. 48 Stunden**
- **Zubereitungszeit: ca. 2 Stunden**
- **Marinierzeit: ca. 2 Stunden**
- **ca. 960 kcal je Portion**

ZUTATEN

- **3 Auberginen**
- **Salz**
- **2 Knollen Knoblauch**
- **½ TL getrockneter Oregano**
- **3 Lorbeerblätter**
- **ca. 2 l Olivenöl**
- **je 1 große gelbe und rote Paprikaschote**
- **Pfeffer**
- **1 große Zucchini**
- **einige frische Minzeblätter**
- **3 große Strauchtomaten**
- **50 g Paniermehl**
- **2 Mangoldstauden**
- **1 Prise Zucker**
- **1 Zitrone**

WEINEMPFEHLUNG

Dazu passt ein junger Weißwein mit fruchtig-frischem Aroma, z. B. Frascati oder Leverano bianco

AUBERGINEN VORBEREITEN

1 Die Auberginen waschen, putzen, längs achteln und in einem Sieb mit 1 Hand voll Salz bestreuen. Das Sieb über eine Schüssel hängen, die Auberginen ca. 24 Stunden kalt stellen. Dann unter fließendem Wasser abspülen. 1 l Wasser mit dem Essig erhitzen. Die Auberginen darin ca. 10 Minuten kochen lassen, abgießen und auf einem Holzbrett abgedeckt ca. 2 Tage trocknen lassen. Den Knoblauch schälen. Die Auberginen mit 2 Knoblauchzehen, der Hälfte des Oreganos und Lorbeerblättern in eine Form geben. Mit Olivenöl bedeckt mindestens 2 Stunden marinieren.

PAPRIKASCHOTEN GRILLEN, SCHÄLEN, MARINIEREN

2 Den Backofen auf 250 °C vorheizen. Die Paprika waschen, putzen und vierteln. Mit den Schnittflächen nach unten auf ein Blech legen und so lange backen, bis die Haut Blasen wirft. Die Schoten herausnehmen, unter einem feuchten Tuch ruhen lassen, die Haut abziehen. Den restlichen Knoblauch fein hacken. Die Paprika mit der Hälfte des Knoblauchs in eine Form geben, salzen und pfeffern. Mit Olivenöl bedeckt 2 Stunden marinieren.

ZUCCHINI BRATEN UND MARINIEREN

3 Zucchini, waschen, putzen, schräg in Scheiben schneiden und in einer Grillpfanne scharf anbraten. Mit dem übrigen Knoblauch in eine Form geben, salzen und pfeffern. Mit Öl bedeckt mindestens 2 Stunden marinieren. Mit Minze bestreuen.

TOMATEN ÜBERGRILLEN

4 Den Backofen auf 250 °C vorheizen. Die Tomaten waschen und halbieren. Paniermehl, 6 Esslöffel Olivenöl und restlichen Oregano mischen, salzen und pfeffern. Die Tomaten damit bestreichen und im Backofen (Mitte) hellbraun überbacken.

MANGOLD MARINIEREN

5 Den Mangold waschen und in grobe Streifen schneiden. In einer Pfanne mit Olivenöl und Knoblauch andünsten, salzen und pfeffern. Den warmen Mangold mit Zucker, Zitronensaft, Olivenöl und Essig mischen und servieren.

ANRICHTEN

6 Das Gemüse auf einer großen Platte anrichten und ausreichend Rosmarinbrot dazu servieren.

Insalata tiepida di asparagi e parmigiano

Lauwarmer Spargelsalat mit Parmigiano Reggiano

- **Spezialität von Sante**
- **raffiniert**

- **Für 6 Personen**
- **Zubereitungszeit: ca. 2 Stunden**
- **ca. 330 kcal je Portion**

ZUTATEN

- **36 Stangen grüner Spargel**
- **~~2 unbehandelte~~ Zitronen**
- **Salz und Pfeffer**
- **Olivenöl**
- **300 g Parmigiano Reggiano (italienischer Hartkäse)**
- **Aceto balsamico**
- **50 g Pecannüsse (ohne Schale)**

WEINEMPFEHLUNG

Ich empfehle dazu einen jungen, leichten trockenen Weißwein, z. B. Cortese di Gavi oder Bianco d'Assisi

MENÜVORSCHLAG

- **Lauwarmer Spargelsalat (auf dieser Seite)**
- **Spaghetti nach Köhlerart (S. 60)**
- **Sahnemousse (S. 115)**

SPARGEL VORBEREITEN

1 Den Spargel mit einem Sparschäler im unteren Drittel schälen und unten ca. 5 cm abschneiden. Je 6 Spargel mit Küchengarn zu einem Bündel zusammenschnüren.

SPARGEL GAREN

2 Nun 1 Zitrone heiß abwaschen und halbieren. In einem großen Topf 3 l Salzwasser mit ½ Zitrone erhitzen. Den Spargel darin in 6 bis 8 Minuten garen, bis er bissfest ist. Den Spargel herausnehmen, kalt abschrecken und etwas abkühlen lassen.

SPARGEL ÜBERBACKEN

3 Den Backofen auf 220 °C vorheizen. Die Spargelstangen längs halbieren und auf einem Backblech auslegen. Den Spargel mit Salz und Pfeffer würzen, mit Olivenöl beträufeln und den Parmigiano fein darüber hobeln. Den Spargel im Backofen (Mitte) überbacken, bis der Käse zu schmelzen beginnt.

ANRICHTEN

4 Den Spargel jetzt auf einer Platte anrichten, mit ein wenig Aceto balsamico beträufeln und mit Pecannüssen garnieren.

SCHON GEWUSST?

- Spargel hat eine lange Geschichte, aber seine Herkunft ist bis heute nicht eindeutig geklärt. Es wird vermutet, dass seine Heimat der Orient ist. Sicher weiß man, dass bereits die Ägypter vor ca. 4500 Jahren den Spargel als edles Gemüse schätzten und ihn ihren Göttern opferten. In Italien ist grüner Spargel äußerst beliebt – er wird vorzugsweise für Antipasti genommen, so wie hier.

Insalata **alla Caprese**

Tomaten-Mozzarella-Salat

- **aus Capri**
- **schnell**

- **Für 6 Personen**
- **Zubereitungszeit: ca. 10 Minuten**
- **ca. 410 kcal je Portion**

ZUTATEN

- **6 Eiertomaten (am besten San Marzano)**
- **750 g Büffel-Mozzarella**
- **frische Basilikumblätter**
- **Salz und Pfeffer**
- **4–5 EL Olivenöl**

WEINEMPFEHLUNG

Besonders harmonisch ist hier ein junger trockener Weißwein mit vollmundigem Bouquet wie Lugana oder Est! Est! Est! di Montefiascone

MENÜVORSCHLAG

- Tomaten-Mozzarella-Salat (auf dieser Seite)
- **Ossobuco (S. 80)**
- **Cassata (S. 124)**

TOMATEN, MOZZARELLA UND BASILIKUM VORBEREITEN

1 Die Tomaten waschen und die Stielansätze entfernen. Die Tomaten in Scheiben schneiden. Den Büffel-Mozzarella aus der Lake nehmen, abtropfen lassen und in dünne Scheiben schneiden. Das Basilikum waschen und trockentupfen. Die Blätter in feine Streifen (Juliennes) schneiden.

SALAT ANRICHTEN

2 Im Wechsel je 1 Tomaten- und 1 Mozzarellascheibe überlappend auf einer runden Porzellanplatte anrichten. Die Tomaten- und die Mozzarellascheiben mit Salz und Pfeffer würzen, mit Olivenöl beträufeln und mit den Basilikumstreifen bestreuen.

MEIN **TIPP!**

- Dieses Gericht verdankt seinen Erfolg der simplen Zubereitung und den einfachen Zutaten, die jedoch von allerbester Qualität sein müssen! Verwenden Sie deshalb, wenn möglich, die besonders aromatischen San Marzano Tomaten und unbedingt Büffel-Mozzarella.

La Panzanella

Brotsalat

TOMATEN UND MOZZARELLA WÜRFELN

1 Die Tomaten waschen, die Stielansätze entfernen, das Fruchtfleisch in Würfel schneiden. Den Mozzarella würfeln.

TOMATEN UND MOZZARELLA MIT GEWÜRZEN UND ÖL VERMENGEN

2 Das Basilikum waschen. Den Knoblauch schälen und fein hacken. Mozzarella- und Tomatenwürfel mit Basilikum, Knoblauch, 3 Esslöffeln Olivenöl und Oregano vermengen, mit Salz und Pfeffer würzen.

BROT EINWEICHEN, SALAT DARAUF ANRICHTEN

3 Die Friselle in Wasser einweichen (bzw. kurz unter fließendes Wasser halten), auf einen Teller legen und die Tomaten-Mozzarella-Mischung daneben anrichten. Sofort servieren.

- **aus dem Latium**
- **schnell**

- **Für 6 Personen**
- **Zubereitungszeit: 7–8 Minuten**
- **ca. 370 kcal je Portion**

ZUTATEN
- **500 g Eiertomaten**
- **150 g Mozzarella**
- **ca. 18 frische Basilikumblätter**
- **2 Knoblauchzehen**
- **1 Prise getrockneter Oregano**
- **6 große Friselle (apulische Brote)**
- **Salz und Pfeffer**
- **Olivenöl**

Supplì al telefono

Reisbällchen mit Mozzarellafüllung

- **aus dem Latium**
- **braucht Zeit**

- **Für 6 Personen**
- **Zubereitungszeit: ca. 2 Stunden**
- **ca. 1650 kcal je Portion**

ZUTATEN
- **3 EL Olivenöl**
- **800 g Langkornreis (Superfino Arborio)**
- **200 ml Weißwein**
- **1/2 l Hühnerbrühe**
- **je 50 g Möhren, Sellerie und Zwiebeln**
- **300 g Rinderhackfleisch**
- **500 g geschälte Tomaten aus der Dose**
- **Salz und Pfeffer**
- **300 g Mozzarella**
- **100 g Mehl**
- **4 Eier**
- **350 g Paniermehl**
- **3/4 l Sonnenblumenöl**

WEINEMPFEHLUNG

Nehmen Sie einen trockenen Rotwein mit fruchtigem Bouquet, z. B. Valtellina Superiore Inferno oder Taburno

REIS GAREN

1 In einem Topf 1 Esslöffel Olivenöl erhitzen. Den Reis dazugeben und unter Rühren dünsten, bis alle Reiskörner von Öl überzogen sind. Nach und nach den Wein und die Hühnerbrühe angießen, dabei häufig umrühren (siehe Grundrezept Risotto, Seite 68). Den Reis ca. 20 Minuten offen bei schwacher Hitze quellen lassen, bis er die gesamte Flüssigkeit aufgesaugt hat. Der Reis sollte nicht zu trocken sein, eventuell noch etwas Flüssigkeit angießen.

HACKFLEISCHSAUCE HERSTELLEN

2 Solange der Reis gart, Möhren, Sellerie und Zwiebeln waschen, putzen oder schälen und in kleine Würfel schneiden. In einem zweiten Topf 1 Esslöffel Olivenöl erhitzen. Das Hackfleisch und die Gemüsewürfel darin bei starker Hitze anbraten. Die geschälten Tomaten abtropfen lassen, mit dem Stabmixer pürieren und dazugeben. Die Sauce mit Salz und Pfeffer würzen und ca. 20 Minuten bei schwacher Hitze köcheln lassen.

REISBÄLLCHEN FORMEN UND FÜLLEN

3 Den Mozzarella in Würfel schneiden. Den Reis mit der Hackfleischsauce vermischen und abkühlen lassen. Aus der Masse mit den Händen ca. 50 g schwere, eiförmige Bällchen formen und in jedes Bällchen ein kleines Stück Mozzarella drücken. Den Fleischteig darüber wieder gut verschließen.

REISBÄLLCHEN PANIEREN UND FRITTIEREN

4 Mehl, Eier und Paniermehl jeweils in einen tiefen Teller geben. Die Eier schaumig schlagen. Die Bällchen zuerst in Mehl, dann in Ei und zum Schluss in Paniermehl wenden.

5 Das Sonnenblumenöl in einer Fritteuse erhitzen. Die Reisbällchen darin portionsweise bei mittlerer Hitze goldgelb ausbacken. Herausheben, abtropfen lassen und warm servieren.

SCHON GEWUSST?

- Der Name »al telefono« entstand folgendermaßen: Normalerweise werden Supplì mit den Händen gegessen. Bricht man ein Supplì auseinander, zieht der Mozzarella Fäden. Das erinnert entfernt an ein Telefonkabel.

Antipasto **di bruschetta e crostini**

Vorspeisenvariation von Crostini und Bruschetta

- **aus verschiedenen Regionen Italiens**
- **gelingt leicht**

- **Für 8 Personen**
- **Zubereitungszeit: ca. 30 Minuten**
- **ca. 380 kcal je Portion**

FÜR DIE TOMATEN-CROSTINI
- **6 Tomaten**
- **1 Knoblauchzehe**
- **einige Basilikumblättchen**
- **Salz und Pfeffer**
- **etwas Olivenöl**
- **8 Scheiben Ciabatta**

FÜR DIE LEBER-CROSTINI
- **300 g Hühnerleber**
- **½ Zwiebel**
- **1 Knoblauchzehe**
- **etwas Olivenöl**
- **1 Schuss Rotwein**
- **8 Scheiben Baguette**

FÜR DIE BRUSCHETTA
- **8 kleine Scheiben Bauernbrot**
- **1 Knoblauchzehe**
- **Salz und Pfeffer**
- **etwas Olivenöl**

AUSSERDEM
- **Olivenöl zum Rösten**

WEINEMPFEHLUNG

Dazu empfehle ich einen jungen, kräftigen Rosé mit ausgeprägter Säure wie Custozza Pinot rosato und Gioia del Colle rosato

TOMATENBELAG ZUBEREITEN

1 Die Tomaten waschen und würfeln, die Stielansätze entfernen. Die Knoblauchzehe schälen und fein hacken. Das Basilikum waschen und in feine Streifen (Juliennes) schneiden. Diese Zutaten mischen, mit Salz und Pfeffer würzen und alles mit etwas Olivenöl vermengen.

LEBERMASSE ZUBEREITEN

2 Die Hühnerleber kalt abspülen, trockentupfen und von Fett und Sehnen befreien. Zwiebel und Knoblauch schälen und fein hacken. Etwas Olivenöl erhitzen. Knoblauch, Zwiebel und Leber darin bei starker Hitze kurz anbraten. Mit wenig Rotwein ablöschen und die Leber bei mittlerer Hitze in ca. 5 Minuten fertig garen. Die noch warme Leber mit einer Gabel zerdrücken und beiseite stellen.

BROTE RÖSTEN

3 Alle Brotscheiben in einer Pfanne mit etwas Olivenöl von beiden Seiten goldgelb rösten.

BROTE BELEGEN

4 Die Ciabattascheiben mit den marinierten Tomatenwürfeln belegen und die Baguettescheiben mit der Hühnerlebercreme bestreichen. Für die Bruschetta den Knoblauch schälen und die Bauernbrotscheiben damit einreiben. Mit Salz und Pfeffer würzen und mit Olivenöl beträufeln.

SCHON GEWUSST?

- Crostini und Bruschetta finden Sie in fast jedem Landstrich Italiens in vielen verschiedenen Rezeptvariationen. Zwei Zutaten sind aber immer dabei: Brot und aromatisches Olivenöl, die kulinarischen Schätze der einfachen Bauernküche.

Crostini **misti**

Herzhafte Crostini-Varianten

- **aus Rom**
- **gelingt leicht**

- **Für 4 Personen**
- **Zubereitungszeit: ca. 30 Minuten**
- **ca. 930 kcal je Portion**

FÜR DIE CROSTINI MIT RICOTTA
- **2 Salsicce (ersatzweise rohe, gepökelte 10–15 cm lange Würstchen)**
- **Olivenöl**
- **etwas frischer Thymian**
- **200 g Ricotta**
- **Salz und Pfeffer**
- **4 Scheiben Fontina (italienischer halbfester Schnittkäse)**

FÜR DIE PIKANTEN CROSTINI
- **1 Dose Sardellenfilets**
- **30 g Kapern**
- **20 g gehackte Petersilie**

FÜR DIE KLASSISCHEN CROSTINI
- **150 g Mozzarella**
- **8 Scheiben roher Schinken**

AUSSERDEM
- **24 kleine Scheiben Bauernbrot**

WEINEMPFEHLUNG

Trinken Sie dazu einen jungen, trockenen Weißwein mit blumigem Aroma, z. B. Montecarlo bianco

MENÜVORSCHLAG
- **Herzhafte Crostini-Varianten (auf dieser Seite)**
- **Gemüsesuppe (S. 48)**
- **Saltimbocca (S. 78)**
- **Glasierte Pfirsiche (S. 122)**

SALSICCE UND RICOTTACREME VORBEREITEN

1 Die Salsicce in Scheiben schneiden. Etwas Olivenöl erhitzen, die Salsicce darin kurz anbraten, dann beiseite stellen. Den Thymian waschen. Die Blättchen abzupfen und mit dem Ricotta vermengen, mit Salz und Pfeffer würzen. Nun die Käsescheiben halbieren. Den Backofen auf 250 °C vorheizen.

SARDELLENPASTE UND MOZZARELLA VORBEREITEN

2 Für die pikanten Crostini die Sardellenfilets und die Kapern abtropfen lassen und fein hacken. Die Petersilie waschen. Die Blättchen abzupfen und fein hacken.

3 Für die klassischen Crostini den Mozzarella abtropfen lassen und in 8 gleich große Scheiben schneiden. Den Backofen auf 250 °C vorheizen.

BROTE TOASTEN UND BELEGEN

4 Alle Brotscheiben toasten. 8 Brotscheiben mit Ricottacreme bestreichen. Die Salsicce darauf verteilen und mit je ½ Scheibe Käse belegen. 8 Brotscheiben mit je 1 Scheibe Mozzarella belegen. Die 16 Brotscheiben auf einen Rost geben und im Backofen (oben) backen, bis der Käse geschmolzen ist.

5 Die restlichen Brotscheiben mit der Sardellenmasse bestreichen. Die überbackenen Brote aus dem Backofen nehmen. Die Mozzarella-Crostini mit je 1 Scheibe rohem Schinken belegen. Dann die Crostini sofort servieren.

SCHON GEWUSST?

- Salsiccia al metro ist eine rohe, gepökelte Wurst, die man »meterweise« kaufen kann, daher auch der Name. Man isst sie ebenso wie die kleineren Salamelle oder Salsicce – die manchmal etwas schärfer gewürzt sind – gegrillt oder gebraten. Wenn Sie Salsicce nicht bekommen, nehmen Sie eine andere rohe, gepökelte Wurst.

Antipasto di Bresaola e Asiago

Vorspeise von Bresaola und Asiago

- **Spezialität von Sante**
- **gelingt leicht**

- **Für 4 Personen**
- **Zubereitungszeit: ca. 20 Minuten**
- **ca. 330 kcal je Portion**

ZUTATEN
- **1 Kopf Lollo Rosso**
- **100 g Asiago (italienischer Hartkäse)**
- **200 g Bresaola, in feine Scheiben geschnitten**
- **50 g Knollensellerie**
- **4 EL Olivenöl**
- **ca. 6 frische Salbeiblätter**
- **50 g Walnüsse (ohne Schale)**
- **1 Zitrone**
- **Pfeffer**

WEINEMPFEHLUNG

Reichen Sie dazu einen mindestens 4 Jahre alten Dolcetto d'Alba.

MENÜVORSCHLAG
- Vorspeise von Bresaola und Asiago (auf dieser Seite)
- **Polenta mit Pilzen und Gorgonzola (S. 70)**
- **Hirschgulasch (S. 84) mit süßsauren Zwiebeln (S. 102)**
- **Sahnemousse (S. 115)**

SALAT UND KÄSE ANRICHTEN

1 Den Lollo Rosso zerteilen, waschen und trockenschleudern. Mit den Blättern 4 Salatschälchen auslegen.

2 Mit der Trüffelmandoline oder mit einem scharfen Messer den Asiago in dünne Scheiben hobeln oder schneiden und in die Schälchen legen. Den Bresaola locker in die Mitte darauf legen.

SELLERIE BRATEN

3 Den Sellerie schälen und in feine Streifen (Juliennes) schneiden. Die Salbeiblätter waschen und trockentupfen. 4 Esslöffel Olivenöl erhitzen und die Salbeiblätter darin knusprig braten. Selleriestreifen, Walnüsse und Salbeiblätter über den Asiago verteilen.

VORSPEISE MARINIEREN

4 Den Saft der Zitrone auspressen und mit dem Olivenöl verquirlen. Die Vorspeise damit beträufeln, mit Pfeffer übermahlen und servieren. Dazu empfehle ich frisches Rosmarinbrot.

SCHON GEWUSST?

- Asiago kommt ursprünglich aus dem Veneto, wo er zunächst aus Schafsmilch hergestellt wurde. Heute unterscheidet man zwei Sorten Asiago, die beide aus Kuhmilch gemacht werden. Asiago pressato ist ein Schnittkäse mit 45 % Fett, der bereits nach einem Monat Reifezeit verzehrfertig ist. Für Asiago d'allevo wird die Milch teilweise entrahmt. Er muss eine einjährige Reifezeit hinter sich bringen, bevor er vor allem als Reibkäse Verwendung findet.

Involtini di prosciutto e Robiola

Parmaschinkenröllchen mit frittierter Aubergine

- **aus der Emilia-Romagna**
- **aromatisch**

- **Für 4 Personen**
- **Zubereitungszeit: ca. 35 Minuten**
- **ca. 700 kcal je Portion**

FÜR DIE PARMASCHINKEN-RÖLLCHEN

- **50 g Pinienkerne**
- **1 EL Olivenöl**
- **1 kleine Salatgurke**
- **1 rote Paprikaschote**
- **1 kleines Bund Schnittlauch**
- **300 g Robiola (italienischer Kräuter-Frischkäse)**
- **Salz und Pfeffer**
- **16 dünne Scheiben Parmaschinken**

FÜR DIE FRITTIERTE AUBERGINE

- **1 große Aubergine**
- **2 Eier**
- **100 g Mehl**
- **50 g Milch**
- **1 Prise Salz**
- **3/4 l Sonnenblumenöl zum Frittieren**

WEINEMPFEHLUNG

Ich empfehle einen trockenen Weißwein mit fruchtigem Bouquet wie einem 98er Greco de Tufo

MENÜVORSCHLAG

- Parmaschinkenröllchen (auf dieser Seite)
- **Ricotta-Ravioli (S. 58)**
- **Saltimbocca (S. 78) mit Kartoffel-Zucchini-Auflauf (S. 107)**
- **Marinierte Zabaione (S. 114)**

FRISCHKÄSECREME VORBEREITEN

1 Die Pinienkerne in dem Olivenöl hellgelb anrösten und beiseite stellen. Die Gurke schälen. Die Paprikaschote waschen, putzen und vierteln. Paprika und Gurke in kleine Würfelchen (Brunoise) schneiden.

2 Den Schnittlauch waschen, in kleine Röllchen schneiden und mit den Gemüsewürfelchen und den Pinienkernen unter den Frischkäse heben. Mit wenig Salz und Pfeffer würzen.

SCHINKEN FÜLLEN UND AUFROLLEN

3 Die Parmaschinkenscheiben nebeneinander auf einer Arbeitsfläche auslegen und die Frischkäsecreme darauf verteilen, dabei rundum einen kleinen Rand lassen. Die Schinkenscheiben von einer schmalen Seite her aufrollen, auf einer Platte anrichten und kalt stellen.

AUBERGINE VORBEREITEN

4 Die Aubergine waschen und den Stielansatz entfernen. Die Aubergine längs in 12 dünne Scheiben schneiden.

AUSBACKTEIG HERSTELLEN

5 Die Eier trennen. Die Hälfte des Mehls, 2 Eigelbe, die Milch und das Salz in einer Schüssel verrühren. Die Eiweiße steif schlagen und unter den Teig heben. Das restliche Mehl auf einen großen Teller geben.

AUBERGINENSCHEIBEN FRITTIEREN

6 Das Öl in einer Fritteuse erhitzen. Die Auberginenscheiben zuerst mehrmals im Mehl und dann im Teig wenden. Die Scheiben portionsweise im heißen Öl frittieren und mit den Parmaschinkenröllchen servieren.

MEIN **TIPP!**

- Sie können die Auberginenscheiben auch in einer Pfanne mit hohem Rand frittieren. Dann genügen ca. 200 ml Sonnenblumenöl. Achten Sie aber darauf, dass Sie das Öl nicht zu stark erhitzen. Halten Sie den Stiel eines Holzkochlöffels hinein: Wenn daran Bläschen emporsteigen, hat das Öl die richtige Temperatur erreicht. Hüten Sie sich vor Fettspritzern!

Cozze e calamari **ripieni in umido**

Gedünstete gefüllte Kalmare und Muscheln

- **aus Kampanien**
- **etwas aufwendiger**

- **Für 4 Personen**
- **Zubereitungszeit: ca. $1\frac{3}{4}$ Stunden**
- **ca. 280 kcal je Portion**

ZUTATEN

- **400 g Kalmare (kleine Tintenfische)**
- **400 g Miesmuscheln**
- **1 kleine Zwiebel**
- **2 Knoblauchzehen**
- **1 Bund Petersilie**
- **1 Zweig Rosmarin**
- **3 Zweige Basilikum**
- **200 g Tomaten**
- **1 Scheibe Schwertfisch (ca. 200 g; ohne Haut und Gräten)**
- **1 Prise getrockneter Koriander**
- **Salz und Pfeffer**
- **etwas Olivenöl**
- **200 g Tomaten**
- **2 scharfe Peperoni, gehackt**
- **$\frac{1}{8}$ l trockener Weißwein**

WEINEMPFEHLUNG

Nehmen Sie einen jungen, trockenen Weißwein, z. B. Briganze Vespaiolo oder Marino Superiore

MEERESFRÜCHTE VORBEREITEN

1 Die Kalmare abspülen, vorbereiten (siehe unten) und waschen. Die Muscheln waschen, die Schalen mit einem Messer abkratzen, die Bärte abziehen. Geöffnete Muscheln wegwerfen.

KALMARE FÜLLEN

2 Zwiebel und Knoblauch schälen. Die Kräuter waschen. Das Schwertfischfleisch mit der Hälfte der Fangarme, 1 Knoblauchzehe, Zwiebel, Petersilienblättchen und Koriander im Mixer fein pürieren, salzen und pfeffern. Die Farce in einen Spritzbeutel mit Lochtülle füllen und in die Tintenfischbeutel füllen. Mit Holzspießchen zustecken.

MUSCHELN VORGAREN

3 Die Muscheln im geschlossenen Topf mit Olivenöl, dem Zweig Rosmarin und 1 zerdrückten Knoblauchzehe 7 bis 9 Minuten erhitzen, bis sie geöffnet sind. Nicht geöffnete Muscheln wegwerfen.

KALMARE DÜNSTEN

4 Die Tomaten waschen und klein würfeln. Mit Peperoni und Wein in den Muschelsud geben. Den Rosmarin entfernen. Die Sauce pürieren und ca. 5 Minuten köcheln lassen.

5 Die restlichen Fangarme klein schneiden und ca. 5 Minuten in der Sauce ziehen lassen. Die Kalmare dazugeben und ca. 5 Minuten zugedeckt bei schwacher Hitze ziehen lassen. Zum Schluss die Muscheln hinzufügen und kurz erwärmen. Salzen und pfeffern und mit Basilikumblättchen bestreuen. Heiß servieren.

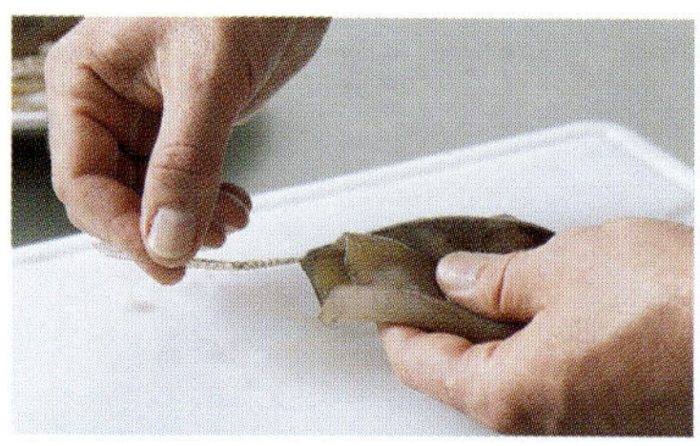

Kalmare vorbereiten:
1. Den Kopf aus dem Körperbeutel ziehen. Innereien und Tintenbeutel wegwerfen. Den Kopf knapp unter den Fangarmen abschneiden und wegwerfen.
2. Den schnabelförmigen Mund herausdrücken.
3. Den Rand des Körpers zurückschieben, den transparenten Knochen herausziehen und wegwerfen. Flossen und Haut vorsichtig abziehen.

Antipasto **di capesante e ostriche con salsina** allo yogurt

Vorspeise von Austern und Jakobsmuscheln mit Joghurtdressing

- **Spezialität von Sante**
- **für Gäste**

- **Für 4 Personen**
- **Zubereitungszeit: ca. 1 Stunde**
- **Kühlzeit: ca. 2 Stunden ca. 750 kcal je Portion**

ZUTATEN
- **200 g Joghurt**
- **100 g Mayonnaise**
- **2 Knoblauchzehen**
- **1 Bund Schnittlauch**
- **2 Zitronen**
- **Salz und Pfeffer**
- **8 Austern**
- **8 Jakobsmuscheln**
- **3/4 l Sonnenblumenöl**
- **3 EL Mehl (30 g)**
- **1 Ei**
- **200 g Paniermehl**
- **Salz**
- **4 Radicchioblätter**

WEINEMPFEHLUNG
Richtig ist ein prickelnder Weißwein mit frischem Geschmack wie Cortese dei Colli Tortonesi

JOGHURTDRESSING ZUBEREITEN

1 Joghurt und Mayonnaise vermengen. 1 Knoblauchzehe schälen und hacken. Den Schnittlauch waschen und klein schneiden. Mit dem Knoblauch unter die Joghurtcreme rühren mit Salz, Pfeffer und dem Saft 1/2 Zitrone würzen. Das Dressing ca. 2 Stunden zugedeckt kalt stellen.

AUSTERN UND JAKOBSMUSCHELN VORBEREITEN

2 Austern und Muscheln säubern und öffnen (siehe unten). Das Muschelfleisch herauslösen und kalt stellen (siehe unten). Die Hälfte der Schalen säubern und beiseite stellen, die restlichen wegwerfen. Das Öl in einer Fritteuse erhitzen. Mehl, Ei und Paniermehl jeweils auf einen Teller geben. Das Ei schaumig schlagen.

AUSTERN UND JAKOBSMUSCHELN FRITTIEREN

3 Die Meeresfrüchte im Mehl, dann im Ei und im Paniermehl wenden und portionsweise bei mittlerer bis schwacher Hitze in dem heißen Öl goldgelb frittieren. Danach sofort in die Schalen legen.

AUSTERN UND JAKOBSMUSCHELN ANRICHTEN

4 Die Radicchioblätter waschen und trockentupfen. Auf die Teller verteilen. Austern und Jakobsmuscheln daneben anrichten. Das Joghurtdressing als Klecks dazugeben. Die restlichen Zitronen in Stücke schneiden und zur Vorspeise servieren.

Muscheln auslösen:
1. Ein Messer seitlich zwischen die Schalen schieben, den Muskel durchtrennen und die Muschel öffnen.

2. Den Muskel mit dem Messer von der Schale lösen und herausheben.

Carpaccio di manzo con salsa ai funghi

Carpaccio vom Rinderfilet mit Steinpilzcreme

- **aus Umbrien**
- **für Gäste**

- **Für 6 Personen**
- **Zubereitungszeit: ca. 40 Minuten**
- **ca. 250 kcal je Portion**

FÜR DIE STEINPILZCREME
- **100 g frische Steinpilze**
- **2 EL Mayonnaise**
- **1 EL Schnittlauchröllchen**
- **1 EL fein gehackte Petersilie**
- **1 Msp. Trüffelcreme (aus dem Glas)**
- **1 EL Olivenöl**
- **1 EL Worcestersauce**
- **Salz und Pfeffer**

FÜR DAS CARPACCIO
- **3 kleine Zucchini**
- **etwas Olivenöl**
- **150 g Steinpilze**
- **400 g Rinderfilet**

WEINEMPFEHLUNG
Ich empfehle einen jungen, trockenen Weißwein wie Verdicchio di Montanello

MENÜVORSCHLAG
- Carpaccio (auf dieser Seite)
- **Grießgnocchi nach römischer Art (S. 66)**
- **Gefüllte Lammkeule (S. 82)**
- **Kastanienkuchen (S. 130)**

STEINPILZCREME ZUBEREITEN

1 Die Steinpilze putzen. Mit Mayonnaise, Schnittlauch, Petersilie, Trüffelcreme, Olivenöl und Worcestersauce in den Mixer geben und zu einer homogenen Masse aufschlagen. Die Sauce mit Salz und Pfeffer würzen und zugedeckt kalt stellen.

ZUCCHINI BRATEN

2 Die Zucchini waschen, putzen und in ca. 1/2 cm dicke Scheiben schneiden. Etwas Olivenöl in einer Grillpfanne erhitzen und die Zucchinischeiben darin von beiden Seiten bei starker Hitze kurz anbraten, beiseite stellen.

STEINPILZE UND RINDERFILET VORBEREITEN

3 Die Steinpilze putzen und mit der Trüffelmandoline oder einem sehr scharfen Messer in feine Scheiben hobeln oder schneiden. Das Rinderfilet von Haut, Sehnen und Fett befreien und in hauchdünne Scheiben schneiden. Die Fleischscheiben zwischen zwei Lagen Frischhaltefolie geben und hauchdünn ausklopfen.

4 Den Rand einer großen Platte mit Zucchinischeiben belegen, nun die Rindfleischscheiben in die Mitte der Platte legen und die geschnittenen Steinpilze darauf anrichten. Ein wenig von der Steinpilzcreme über die Pilze geben. Die restliche Creme getrennt zu dem Gericht reichen.

MEIN **TIPP!**

- Ich persönlich beträufle das Fleisch zusätzlich immer mit reichlich Zitronensaft. Die Säure verändert die Eiweißstruktur des Fleisches und schmeckt dann nicht mehr so roh.
- Das Filet lässt sich besonders leicht in dünne Scheiben schneiden, wenn Sie es vorher für 1/2 Stunde ins Tiefkühlfach legen.

Vitello **tonnato**

Scheiben von warmem Kalbfleisch in Thunfischsauce

- **aus ganz Italien**
- **für Gäste**

- **Für 4 Personen**
- **Zubereitungszeit: ca. 2 Stunden**
- **ca. 570 kcal je Portion**

ZUTATEN

- **250 g Möhren**
- **100 g Sellerie**
- **2 Schalotten**
- **800 g Kalbsnuss**
- **Salz und Pfeffer**
- **5 EL Olivenöl**
- **1/8 l trockener Weißwein**
- **300 ml Brühe**
- **1 Knoblauchzehe**
- **1 kleines Bund Petersilie**
- **250 g Thunfisch**
- **1/2 EL Kapern**
- **4–5 Sardellenfilets**
- **4–5 El Zitronensaft**

WEINEMPFEHLUNG

Wählen Sie einen jungen, trockenen Weißwein mit blumigem Bouquet, beispielsweise Tocai Zuc di Volpe oder Predicato del Selvante

MENÜVORSCHLAG

- Vitello tonnato (auf dieser Seite)
- **Spaghetti alla Sante (S. 62)**
- **Geschmortes Hähnchen (S. 86)**
- **Zuccotto (S. 131)**

GEMÜSE VORBEREITEN, MIT FLEISCH ANBRATEN

1 Möhren, Sellerie und Schalotten schälen und in Würfel schneiden. Die Kalbsnuss mit Salz und Pfeffer würzen. In einem ofenfesten Topf 1 Esslöffel Olivenöl erhitzen, das Fleisch darin von allen Seiten bei starker Hitze scharf anbraten. Die Gemüsewürfel hinzufügen und kurz mitbraten.

FLEISCH IM BACKOFEN FERTIG GAREN

2 Den Backofen auf 150 °C vorheizen. Die Kalbsnuss aus dem Topf nehmen und das Gemüse noch einige Minuten bei mittlerer Hitze anbraten. Anschließend mit Weißwein und Brühe ablöschen. Alles ca. 2 Minuten köcheln lassen. Das Fleisch wieder in den Topf geben und im Ofen (Mitte) in ca. 50 Minuten offen fertig garen.

THUNFISCHSAUCE HERSTELLEN

3 Das Fleisch herausnehmen. Die Knoblauchzehe schälen. Die Petersilie waschen, die Blättchen abzupfen. Den Bratensatz mit Knoblauch, Petersilie, Thunfisch, Kapern, Sardellen und Zitronensaft pürieren. Die Sauce mit Salz und Pfeffer abschmecken.

FLEISCH ANRICHTEN

4 Das Fleisch in ca. 1 cm dicke Scheiben schneiden, mit der Sauce bedecken und noch warm servieren.

MEIN **TIPP!**

- Ich empfehle als Garnitur in dünne Scheiben geschnittene Möhren und unbehandelte Zitronenscheiben.

Pizza Margherita

Pizza Margherita

- **aus Neapel**
- **gelingt leicht**

- **Für 8 Personen**
- **Zubereitungszeit: ca. 45 Minuten**
- **Ruhezeit: ca. 1 ½ Stunden**
- **ca. 570 kcal je Portion**

FÜR DEN TEIG
- **10 g frische Hefe (¼ Würfel)**
- **1 kg Weizenmehl Type 405**
- **1 EL Salz**
- **5 EL Olivenöl**

FÜR DEN BELAG
- **600 g geschälte Tomaten aus der Dose**
- **1 EL Olivenöl**
- **2 Prisen Salz**
- **60 g Mozzarella**
- **4 Basilikumzweige**

AUSSERDEM
- **Fett für die Backbleche**
- **Mehl zum Bearbeiten**

WEINEMPFEHLUNG

Ich empfehle einen trockenen Weißwein mit elegantem Bouquet wie Colli Piacentini

MENÜVORSCHLAG
- **Gefüllte Kalamare und Muscheln (S. 32)**
- Pizza Margherita (auf dieser Seite)
- **Tiramisu (S. 116)**

TEIG HERSTELLEN

1 Die Hefe mit 60 ml lauwarmem Wasser verrühren, bis sie sich aufgelöst hat. Zugedeckt an einem warmen Ort ca. 15 Minuten gehen lassen. Mehl und Salz in einer Schüssel mischen, in die Mitte eine Mulde drücken. Das Hefewasser hineingießen. Das Öl und 440 ml lauwarmes Wasser dazugeben und alles zu einem geschmeidigen Teig verkneten. Den Teig zu einer Kugel formen, mit einem feuchten Tuch abdecken und an einem warmen Ort ca. 45 Minuten gehen lassen, bis der Teig sein Volumen etwa verdreifacht hat.

2 Den Teig in acht gleich große Stücke teilen. Jedes Stück auf bemehlter Fläche zur Kugel formen. Die Teigkugeln mit einem feuchten Tuch abdecken und ca. 30 Minuten gehen lassen, bis sie ihr Volumen ca. verdoppelt haben.

TOMATENSAUCE HERSTELLEN

3 Inzwischen die Tomaten pürieren, mit dem Öl mischen, mit Salz würzen. Den Mozzarella klein würfeln. Das Basilikum waschen. Die Blättchen in feine Streifen (Juliennes) schneiden und unter die Tomatensauce rühren. Den Backofen auf 280 °C vorheizen. Zwei Bleche einfetten.

PIZZEN FORMEN UND BELEGEN

4 Die Teigbällchen flach drücken, auf wenig Mehl dünn ausrollen und auf die Bleche legen. Die Teigkreise mit der Tomatensauce bestreichen und mit Mozzarella bestreuen. Die Pizzen im Backofen (unten) 4 bis 5 Minuten backen.

SCHON GEWUSST?

- Die Pizza Margherita ist ein Rezept, das Sie nahezu beliebig variieren können. Um ihre Entstehung ranken sich mehrere Legenden. Eine davon erzählt, dass ein Koch des Königs, der zum Tode verurteilt war, sein Leben gerettet haben soll, indem er dem König versprach, dass er zu Ehren der schönen Königin eine Speise kreieren würde, die so rund sein sollte wie der Mond und so rot wie das Herz. Und das war dann die Pizza Margherita.

VARIATION: WENN'S FEIN SEIN SOLL

Pizza con prosciutto e rucola

Pizza mit Schinken und Rucola

GRUNDPIZZA BACKEN

1 Nach dem Grundrezept von S. 40 eine Pizza Margherita zubereiten und backen.

GRUNDPIZZA BELEGEN

2 Die Rucolablätter waschen, trockentupfen und eventuell kleiner zupfen. Die Pizzen aus dem Backofen nehmen und mit je 3 Scheiben Parmaschinken und einigen Rucolablättern belegen.

- **aus ganz Italien**
- **besonders aromatisch**

- **Für 8 Personen**
- **Zubereitungszeit: ca. 45 Minuten**
- **Zeit zum Gehen: ca. 1 Stunde**
- **ca. 600 kcal je Portion**

ZUTATEN

- **1 Grundrezept Pizza Margherita (Seite 40)**
- **100 g Rucolasalat**
- **24 hauchdünne Scheiben Parmaschinken**

Primi Piatti

»Sie sollen nicht satt machen, sondern nur den ersten Hunger stillen, denn sonst bringt man sich um den eigentlichen Höhepunkt einer italienischen Mahlzeit – den Hauptgang.«

Vergessen Sie also die üppigen Portionen, die Sie beim Italiener um die Ecke serviert bekommen. Was dort in Form von Suppe, Teigwaren oder Reis auf den Tisch kommt, ist eher als sättigendes Hauptgericht gedacht – und das ist wenig italienisch. Die echte Kunst der Komposition beweist sich auch hier in der Beschränkung: In kleinen, feinen Portionen serviert, machen Pasta, Risotto & Co. Lust auf die kommenden Genüsse. Bei Zitronen-Tagliolini, Ricotta-Ravioli und Rotweinrisotto werden Ihre Gäste ins Schwärmen geraten.

Nudeln – mindestens einmal täglich

»Italien ist das Land der Nudeln und für mich sind sie das A und O der italienischen Küche.«

Wir haben sehr viele verschiedene Nudelarten und jede verlangt ihre eigene Sauce. Röhrennudeln und Nudeln mit Rillen passen beispielsweise gut zu dicken Saucen, während glatte Nudeln am besten mit etwas flüssigeren Saucen harmonieren. Dies sind Erfahrungswerte, die sich im Laufe der Jahrhunderte herauskristallisiert haben und auf die man sich verlassen kann, denn der Durchschnittsitaliener isst einmal am Tag Pasta. Nehmen wir beispielsweise bucatini, das sind Röhrennudeln. Sie gehören für mich zu Sauce all'Amatriciata, die nach dem Ort Amatrice in der Provinz Rieti benannt wurde. Pennette harmonieren hervorragend mit einer Lachssauce, Spaghetti schmecken mit aglio e olio. Obwohl es gewisse Regeln gibt, habe ich natürlich auch ein wenig experimentiert. Wenn man beispielsweise Pesto nicht mit Linguine essen will – Linguine sind die Nudeln, die zu Pesto gehören –, dann isst man sie mit Trenette, das ist möglich. Es gibt also durchaus Alternativen. Aber immer sollten Nudeln und Sauce aus einer Region stammen. Pesto kommt aus derselben Region wie Linguine, Trenette oder Trofic, also wird Pesto auch mit diesen Nudeln gegessen. Man kann daher nicht einfach sagen: »Ich habe Pesto und Spaghetti zu Hause, jetzt mache ich mir Spaghetti mit Pesto.« Wenn man das tut, hat das wenig mit echter italienischer Küche zu tun.

Durch die vielen internationalen Einflüsse hat sich zwar die italienische Küche weiterentwickelt, wie jede andere Küche auch, sie hat neue Kombinationsmöglichkeiten geschaffen, aber manche Gesetzmäßigkeiten müssen eben dennoch erhalten bleiben. Es ist nicht alles schlecht, was von unseren Vorfahren überliefert wurde.

Deshalb macht es auch Sinn, dass Nudeln mit Loch oder Rillen zu dicken Saucen gereicht werden und nicht zu Ölsaucen, sonst könnte es passieren, dass man auf einmal einen Esslöffel Öl im Mund hat und das ist bestimmt nicht angenehm.

Pasta, ein Genuss für jeden Italiener – und das möglichst täglich

Frische oder getrocknete Pasta

Man vertritt landläufig die Meinung, dass frische Pasta besser schmeckt als getrocknete, das kann ich nicht uneingeschränkt unterstreichen. Mir persönlich schmeckt getrocknete Pasta am besten, Spaghetti ziehe ich allen anderen Nudelsorten vor. Spaghetti werden in verschiedenen Dicken angeboten, nämlich in Dicke 1, 3, 5 und 7. Mir sind Spaghetti mit der Dicke 5 am liebsten. Spaghettini sind besonders dünne Spaghetti, Spaghettino bedeutet aber auch: eine kleine Portion Spaghetti. Spaghettoni sind etwas dickere Spaghetti. Wenn Sie das alles zu verwirrend finden, dann nehmen Sie am besten Spaghetti Nr. 5.

Die Kunst des Nudelkochens

Egal ob getrocknete oder frische selbst gemachte Nudeln, man rechnet auf 100 g Pasta 1 Liter Wasser und knapp 1 Esslöffel grobes Meersalz. Ich messe das natürlich nicht mehr genau ab, für mich ist das ein Handgriff, ich nehme auf 5 Liter Wasser eine gute Hand voll Salz.

Pasta al ginocchio

In allen Kochbüchern wird geschrieben, dass man Pasta al dente, also bissfest kochen soll. Ich koche die Pasta al ginocchio. Das bedeutet, dass sich die Nudel beugt wie ein Knie, sie ist dann noch etwas härter als al dente.

Aufräumen möchte ich mit der Unsitte, dass man Nudeln nach dem Garen abschreckt, um den Garprozess zu stoppen. Das Abschrecken ist einer der größten Fehler, die man machen kann. Während des Kochens löst sich ein Großteil der Stärke, die sich in den Teigwaren befindet. Wenn man nun die heißen Nudeln in kaltes Wasser taucht, schwemmt man damit nochmals einen Teil der Stärke aus. Man stoppt den Garprozess und die Nudeln können sich mit der Sauce nicht mehr optimal verbinden. Übrigens: Muss Pasta für ein Rezept auskühlen, gibt man sie am besten auf ein großes Brett oder ein Backblech und vermengt sie mit etwas Öl.

Vom Kochwasser der Pasta gibt man einen kleinen Schöpflöffel in die vorbereitete Sauce. So be-

kommt sie Stärke und auch Würze, was man beim Abschmecken natürlich berücksichtigen sollte: mit Salz also besser zurückhaltend sein. Dann werden die Nudeln abgegossen, sofort mit der Sauce vermengt und serviert.

Die Pasta soll die Sauce aufsaugen können. Wenn man sie abschreckt, kann sie das nicht mehr, weil der Garvorgang gestoppt wurde. Dies gilt auch, wenn man sie zu lange gart, denn dann ist der Sättigungsbedarf an Flüssigkeit durch den Wassergehalt gedeckt. Deshalb möchte ich nochmals betonen, wie wichtig es ist, die Pasta aus dem Wasser zu nehmen, bevor sie al dente ist. Sie gart in der heißen Sauce nach und hat, bis sie auf den Tisch kommt, genau die richtige Konsistenz, wie wir Italiener sie lieben.

Die Krönung: frisch geriebener Parmesan

Perfekt gekochte Pasta verlangt unbedingt nach einem bisschen geriebenem Parmesan, dies gilt allerdings nicht für Pasta mit Fisch. Bitte lassen Sie abgepackten geriebenen Parmesan, egal ob in der Dose oder im Beutel besser stehen, er hat nicht dasselbe Aroma wie ein frisch geriebener Parmesan. Außerdem können Sie nicht kontrollieren, ob der Käse einwandfrei war, den man dafür verwendet hat oder ob es sich um Ausschussware handelt. Zwar hat die Industrie sich der Nachfrage gebeugt und man bekommt heute in Italien auch geriebenen Parmigiano oder Grana von passabler Qualität. In Deutschland ist er aber nicht überall erhältlich. Wenn Sie den Käse selber reiben, nehmen Sie dafür am besten den Rand, von dem sie vorher die Rinde entfernen. Er lässt sich besser verarbeiten als der innere Kern.

Und beherzigen Sie noch einen Rat: Dosieren Sie den Käse mit Fingerspitzengefühl – er muss die Pasta nicht bedecken, das Gericht sollte damit nur leicht »überzuckert« sein. Für einen Teller Nudeln reicht 1 Teelöffel geriebener Parmesan. Wenn Sie Ihr Gericht mit Parmesan bedecken, schmecken Sie anschließend mehr vom Käse als von der – hoffentlich guten – Sauce.

Kaufen Sie Parmesan am besten in kleinen Stücken, die sie rasch verbrauchen.

Risotto all' onda – eine Frage des Korns

In Italien werden verschiedene Reissorten angebaut, sogar Basmatireis wird bei uns produziert. Das Po-Delta bietet dafür die idealen Bedingungen: Hier ist die Landschaft flach, die Bewässerung der Reisfelder ist gewährleistet und das Klima ist gleichbleibend mild.

Die Reissorten, die ich für die Zubereitung von Risotto bevorzuge, sind Superfino Arborio mit seinem länglichen gelblichen Korn und der etwas rundere Vialone. Natürlich verwende ich auch andere Reissorten, aber für Risotto sind diese beiden am besten. Unbestrittene Meister in der Zubereitung von Risotto sind Neapolitaner und Lombarden. Nirgends in Italien bekommt man so perfekte Risotti wie in diesen beiden Regionen. Die Mailänder beherrschen die Kunst des Risotto all'onda – und so muss Risotto sein: weich und geschmeidig, voller Schmelz, aber mit Biss.

Natürlich darf auch beim Risotto frisch geriebener Parmesan nicht fehlen, sofern das Rezept keinen Fisch enthält. Er wird zum Schluss mit einem kleinen Stückchen Butter unter den Reis gerührt.

Rührend zum Erfolg

Damit ein Risotto die richtige Konsistenz bekommt, muss das Verhältnis von Flüssigkeit und Reis stimmen. Man rechnet auf 100 g Reis 150 ml Flüssigkeit. Der Reis wird kurz gewaschen und dann bei mittlerer Hitze in Fett glasig gebraten. Dann wird mit etwas Flüssigkeit, meist Wein, abgelöscht und der Reis bei schwacher Hitze offen so lange gegart, bis diese Flüssigkeit von den Reiskörnern aufgenommen ist, dabei wird immer wieder umgerührt. Dann gibt man nach und nach die restliche heiße Flüssigkeit dazu. Es ist wichtig, dass die Flüssigkeit heiß ist, damit der Garvorgang nicht unterbrochen wird. Zum Schluss wird mit frisch geriebenem Parmesan und Butter abgeschmeckt und der Risotto serviert. Er muss weich auf den Teller gleiten und sollte trotz aller Geschmeidigkeit noch einen leichten Biss haben. Da Risotto ja während des Essens noch fester wird, weil die Reiskörner weiter Flüssigkeit binden, bevorzuge ich Arborio-Reis. Er bleibt auch auf dem Teller körnig und geschmeidig.

Das würzige Aroma frischen Rosmarins verleiht vielen Gerichten erst die typische Geschmacksnote

Polenta – Brei für starke Arme

Polenta ist eine Spezialität aus der Lombardei. Sie wird aus Maismehl oder Maisgrieß hergestellt und muss während ihrer etwa 45 Minuten dauernden Kochzeit wie Risotto ständig gerührt werden. Natürlich gibt es Polenta auch in anderen Landstrichen, bei uns in Rom beispielsweise liebt man Polenta, aber sie hat eine flüssigere Konsistenz als in der Lombardei, wo sie so fest ist, dass man sie in Scheiben schneiden und braten kann. In Rom gießt man die Polenta auf eine spianatoia, das ist ein großes Brett, dessen Rand leicht nach oben gebogen ist, und streicht sie darauf flach. In der Mitte verteilt la mamma Spareribs, Polpette (Hackfleischbällchen) oder Salsicce. Darüber wird die Sauce gegossen. Alle Esser am Tisch sind natürlich bemüht, so schnell wie möglich an die Sauce zu gelangen, ohne vorher zu viel von der Polenta essen zu müssen. Da werden Inseln und Dämme gebaut und Gräben gebuddelt, damit man möglichst viel von der Sauce und den feinen Fleisch- oder Wurststücken abbekommt. Das ist ein richtiges Familienessen!

Polentabrei wird bei uns nicht wieder aufgewärmt. Wenn Reste bleiben, schneidet man ihn in Stücke und verwendet ihn gebraten, gegrillt, frittiert oder überbacken für andere Gerichte.

Kräuter – wohlschmeckende Würze

Die italienische Küche ist eine Küche der Kräuter. Deshalb wird man auch in der kleinsten Wohnung irgendwo einen Topf mit Kräutern entdecken, sei es auf dem Balkon oder dem Fensterbrett.

Ich persönlich habe bei mir zu Hause im Topf Thymian, Schnittlauch, Salbei, Rosmarin, Basilikum, Zitronenmelisse und Kerbel. Die klassischen italienischen Kräuter, die in keiner Küche fehlen sollten sind Basilikum, Salbei, Rosmarin und Thymian mit ihrem unverwechselbaren und einzigartigen Aroma.

Auch Majoran und Oregano werden in der italienischen Küche viel verwendet, wobei man Majoran vorsichtig dosieren sollte, da er andere Gewürze dominiert oder ihr feines Aroma sogar gänzlich übertönt.

Basilikum und Oregano sind im Geschmack ähnlich und können gegeneinander ausgetauscht werden, wobei ich Basilikum vorziehe. Ein Insalata Caprese beispielsweise wäre ohne Basilikum nicht denkbar. Es gibt viele verschiedene Basilikumsorten. Sie sollten ausprobieren, welche Ihnen am besten schmeckt. Ich persönlich bevorzuge kleinblättriges Basilikum.

In der modernen italienischen Küche werden seit kurzem zunehmend auch Kerbel und Schnittlauch verwendet.

In Italien liebt man Kräuter mit kräftigem Aroma, aber auch intensive Gewürze. In meiner Heimatstadt Rom beispielsweise werden gerne Lorbeer, Muskatnuss und Petersilie verwendet. Nahezu jedes Gericht erfährt eine Veredelung durch Kräuter und Gewürze, dabei kann Salz in den Hintergrund treten. Beispielsweise geben Zimt und Nelken Hackfleischsugo oder Wildragout den letzten Pfiff, während Anis eigentlich nur als Brotgewürz eine Rolle spielt.

Zuppa rustica **con verdure**

Bäuerliche Gemüsesuppe

- **aus dem Piemont**
- **gelingt leicht**

- **Für 4 Personen**
- **Zubereitungszeit: ca. 1½ Stunden**
- **ca. 330 kcal je Portion**

ZUTATEN
- **250 g Blumenkohl**
- **250 g Kartoffeln**
- **200 g Lauch**
- **80 g Pancetta tesa (luftgetrockneter Schweinebauch)**
- **4 EL Olivenöl**
- **1½ l Fleischbrühe**
- **Salz und Pfeffer**
- **4 Scheiben Bauernbrot**
- **2 Knoblauchzehen**

WEINEMPFEHLUNG

Dazu passt ein junger, trockener Weißwein mit leichtem Aroma wie Colli di Luni bianco oder Costa d'Amalfi bianco

MENÜVORSCHLAG
- **Herzhafte Crostini-Varianten (S. 26)**
- **Bäuerliche Gemüsesuppe (auf dieser Seite)**
- **Saltimbocca (S. 78)**
- **Glasierte Pfirsiche (S. 122)**

GEMÜSE UND FLEISCH VORBEREITEN

1 Den Blumenkohl waschen und in Röschen teilen. Die Kartoffeln waschen, schälen und in Würfel schneiden. Den Lauch längs aufschneiden, waschen und in feine Ringe schneiden. Pancetta von der Schwarte befreien und würfeln.

SUPPE KOCHEN

2 In einem Topf 3 Esslöffel Olivenöl erhitzen, Pancetta und Lauch darin bei mittlerer Hitze kurz anbraten. Nun die Blumenkohlröschen und die Kartoffelwürfel dazugeben und kurz mitbraten lassen. Die Fleischbrühe angießen, mit Salz und Pfeffer würzen und alles ca. 50 Minuten kochen lassen.

BROT RÖSTEN

3 Das restliche Olivenöl in einer Pfanne erhitzen, die Brotscheiben darin von beiden Seiten rösten, die Knoblauchzehen schälen und darüber pressen.

SUPPE ANRICHTEN

4 Je 1 Brotscheibe in einen Suppenteller geben, die Gemüsesuppe darüber schöpfen und servieren.

SCHON **GEWUSST?**

- Es gibt keine italienische Region ohne ihr typisches Rezept für eine Gemüsesuppe. Die Zuppa oder Minestrone ist eine kräftige Suppe, die nahrhaft und sättigend sein sollte – besonders früher. Zu den Grundzutaten gehörte immer Getreide, sodass die Suppe sehr lange gekocht werden musste. Meist wurde sie bereits am Morgen aufgesetzt und am Abend dann gegessen.

Zuppa di **lenticchie e verza**

Linsen-Wirsing-Suppe

- **aus der Toskana**
- **deftig**

- **Für 4 Personen**
- **Einweichzeit: ca. 2 Stunden**
- **Zubereitungszeit: ca. 1 Stunde**
- **ca. 420 kcal je Portion**

ZUTATEN

- **150 g braune Linsen**
- **350 g Wirsing**
- **1 Möhre (ca. 50 g)**
- **1 Zwiebel (ca. 80 g)**
- **40 g Knollensellerie**
- **4 EL Olivenöl**
- **1 Fleischtomate (ca. 100 g)**
- **1 1/2 l Fleischbrühe**
- **100 g Reis (Superfino Arborio)**
- **Salz und Pfeffer**
- **30 g Parmigiano Reggiano (italienischer Hartkäse)**
- **2 EL Butter (25 g)**

WEINEMPFEHLUNG

Dazu passt ein trockener Rotwein mit leichtem Körper und würzigem Bouquet wie Grave Merlot

MENÜVORSCHLAG

- **Linsen-Wirsing-Suppe (auf dieser Seite)**
- **italienischer Käse und frisches Brot**

LINSEN EINWEICHEN

1 Die Linsen 2 Stunden in kaltem Wasser einweichen.

GEMÜSE VORBEREITEN

2 Den Wirsing waschen und grob zerkleinern. Möhre, Zwiebel und Sellerie schälen und sehr fein hacken. Das Olivenöl in einem Topf erhitzen. Möhre, Zwiebel und Sellerie darin andünsten. Den Wirsing dazugeben und 3 bis 4 Minuten mitgaren. Die Fleischtomate waschen und grob zerkleinern.

SUPPE GAREN

3 Die Fleischbrühe angießen. Die eingeweichten Linsen abgießen und mit den Tomaten in die Suppe geben. Alles ca. 15 Minuten köcheln lassen. Nun auch den Reis dazugeben und die Suppe weitere 15 Minuten köcheln lassen.

SUPPE ABSCHMECKEN

4 Die Suppe mit Salz und Pfeffer würzen. Den Parmesan fein reiben. Mit der Butter in die Suppe rühren.

SCHON GEWUSST?

- Das italienische Wort zuppa (für dicke, gebundene Suppen) leitet sich von dem Verb inzuppare ab, was soviel bedeutet wie »tunken«. Die »Erfindung« der Suppe geht auf das Mittelalter zurück. Die Reichen benutzten in dieser Zeit große Brotscheiben als Teller. Diese »Brotteller« landeten nach Beendigung des Mahls in der Küche, wo die Dienstboten daraus eine sättigende Mahlzeit für sich zubereiteten: Das Brot wurde in Wasser gekocht und dann gegessen. Deshalb gehören Suppe und Brot auch immer zusammen!

La pasta **fresca**

Nudelteig (Grundrezept)

- aus ganz Italien
- gelingt leicht

- Für 4 Personen bzw. 400 g Teig
- Zubereitungszeit: ca. 30 Minuten
- Ruhezeit: ca. 30 Minuten
- ca. 240 kcal je Portion

ZUTATEN
- 300 g Mehl Type 405
- 3 Eier
- Salz
- 1 EL Olivenöl
- etwas Mehl zum Bestäuben
- 4 EL grobkörniges Meersalz

NUDELTEIG HERSTELLEN UND RUHEN LASSEN

1 Das Mehl auf eine Arbeitsfläche geben, in die Mitte eine Mulde drücken. Eier, etwas Salz und Öl hineingeben. Die Zutaten zu einem glatten, elastischen Teig verkneten, der nicht mehr kleben darf. Eventuell etwas Mehl hinzufügen. Den Teig mit einem feuchten Tuch abdecken und ca. 30 Minuten bei Zimmertemperatur ruhen lassen.

TEIG AUSROLLEN, NUDELN SCHNEIDEN UND TROCKNEN LASSEN

2 Dann den Teig mit der Nudelmaschine hauchdünn ausrollen und mit der Maschine in Bandnudeln schneiden (siehe unten). Die Nudeln auf einem großen Holzbrett ausbreiten, mit etwas Mehl bestäuben und kurz trocknen lassen.

NUDELN KOCHEN

3 Inzwischen 4 l Wasser mit Meersalz aufkochen lassen. Die Nudeln darin in 3 bis 4 Minuten bissfest garen, bis sie an der Oberfläche schwimmen. Abgießen und abtropfen lassen.

Farbiger Nudelteig

GRÜNE NUDELN

2 EL blanchierten und fein pürierten Spinat unter den Teig kneten.

ROTE NUDELN

30 g Tomatenmark unter den Teig kneten.

Bandnudeln herstellen

1. Den Teig kneten, bis er elastisch ist.

2. Die Teigportionen durch die Maschine lassen, dabei den Walzenabstand immer mehr verringern.

3. Die dünnen Teigplatten zu Bandnudeln schneiden

Tagliatelle **orto e mare**

Bandnudeln mit Venusmuscheln

- **aus der Emilia-Romagna**
- **braucht Zeit**

- **Für 6 Personen**
- **Zubereitungszeit: ca. 1½ Stunden**
- **Ruhezeit: ca. ½ Stunde**
- **ca. 410 kcal je Portion**

FÜR DIE NUDELN

- **400 g Nudelteig (Rezept Seite 52)**

FÜR DIE SAUCE

- **500 g frische Venusmuscheln**
- **5 EL Olivenöl**
- **2 Knoblauchzehen**
- **300 g Zucchini (in Scheiben)**
- **300 g geschälte Tomaten aus der Dose**
- **Salz und Pfeffer**
- **1 EL gehacktes Basilikum**
- **1 EL gehackter Salbei**

WEINEMPFEHLUNG

Dazu passt ein trockener Weißwein, z. B. ein Frascati

MENÜVORSCHLAG

- **Vorspeisenvariation von Crostini und Bruschetta (S. 24)**
- **Bandnudeln mit Venusmuscheln (auf dieser Seite)**
- **Gefüllte Seeteufelschnitten (S. 92)**
- **Frittierte Reisrauten (S. 120)**

NUDELN HERSTELLEN

1 Den Teig mit der Nudelmaschine hauchdünn ausrollen und in Bandnudeln schneiden. Mit etwas Mehl bestäuben und kurz trocknen lassen.

SAUCE VORBEREITEN

2 Inzwischen die Muscheln gründlich waschen, geöffnete wegwerfen. Den Knoblauch schälen. In einer Pfanne 1 Esslöffel Olivenöl mit 1 Knoblauchzehe erhitzen. Die Muscheln darin bei mittlerer Hitze ca. 5 Minuten garen, bis sie geöffnet sind. Die Muscheln aus der Pfanne nehmen, nicht geöffnete wegwerfen, die übrigen warm stellen. Den Muschelsud durch ein feines Sieb gießen und dann beiseite stellen.

3 In der gesäuberten Pfanne 4 Esslöffel Öl erhitzen, die zweite Knoblauchzehe dazupressen. Die Zucchinischeiben nun darin kurz andünsten. Die Tomaten pürieren und dazugeben. Mit Salz, Pfeffer, Basilikum und Salbei würzen und alles ca. 10 Minuten köcheln lassen.

NUDELN KOCHEN

4 Inzwischen 4 l Wasser mit dem Meersalz zum Kochen bringen. Die Nudeln darin garen, bis sie an der Oberfläche schwimmen, das dauert 3 bis 4 Minuten. Abgießen und abtropfen lassen.

ANRICHTEN

5 Die Nudeln kurz in der Tomatensauce schwenken. 2 Esslöffel Muschelsud und die Muscheln darunter mischen. Sofort servieren.

MEIN **TIPP!**

- Da ich die traditionellen Zubereitungsmethoden liebe, knete ich meinen Nudelteig gerne mit der Hand. Sie können aber auch Ihre Küchenmaschine mit dem Knethaken nehmen. Das geht schneller und spart Kraft.
- Nudelteig sollte eher etwas zu trocken als zu feucht sein, sonst verklebt er die Nudelmaschine. Ist er zu feucht, geben Sie etwas Mehl dazu, ist er zu trocken, fügen Sie ganz wenig Wasser bei.

Tagliolini **al limone**

Zitronen-Tagliolini

- **Spezialität von Sante**
- **für Gäste**

- **Für 4 Personen**
- **Zubereitungszeit: ca. 30 Minuten (ohne Teigzubereitung)**
- **ca. 950 kcal je Portion**

FÜR DIE NUDELN
- **400 g Nudelteig (Rezept Seite 52)**
- **Mehl zum Bestäuben**
- **4 EL Meersalz**

FÜR DIE SAUCE
- **2 unbehandelte Zitronen**
- **400 g Sahne**
- **20 Blätter frische Minze**
- **1 Schalotte**
- **100 g Butter**
- **1 EL Zitronenlikör (z. B. Limoncello)**
- **Salz und Pfeffer**

WEINEMPFEHLUNG

Wegen der Zitrusfrüchte sollten Sie bei diesem Gericht auf Wein verzichten, bestenfalls passt ein Prosecco

MENÜVORSCHLAG
- **Vorspeise von Austern und Venusmuscheln (Seite 34)**
- **Zitronen-Tagliolini (auf dieser Seite)**
- **Steinbutt mit Rucola (S. 94)**
- **Cassata (S. 124)**

NUDELN VORBEREITEN

1 Den Teig mit der Nudelmaschine ausrollen und daraus Tagliolini schneiden. Die Nudeln auf einem Holzbrett ausbreiten, mit Mehl bestäuben und etwas trocknen lassen.

ZITRONENSAUCE ZUBEREITEN

2 Die Zitronen heiß abwaschen. Mit einem Sparschäler die Zitronenschale so dünn wie möglich (ohne weiße Innenhaut) abziehen, 1 Zitrone auspressen. In einem Mixer die Zitronenschalen mit 100 g Sahne pürieren. 4 Liter Wasser mit dem Meersalz zum Kochen bringen

3 Die Minze waschen und die Hälfte der Blättchen fein hacken. Die Schalotte schälen und fein hacken. Die Butter in einem Topf erhitzen und die Schalotte darin glasig dünsten. Mit dem Zitronensaft und dem Zitronenlikör ablöschen. Die restliche Sahne dazugeben und erhitzen, aber nicht kochen lassen. Die Sauce mit Salz, Pfeffer und gehackter Minze würzen und auf der abgeschalteten Kochstelle stehen lassen.

NUDELN GAREN

4 Die Tagliolini in dem Salzwasser garen, bis sie an der Oberfläche schwimmen, das dauert 3 bis 4 Minuten. Inzwischen die übrige Zitrone in dünne Scheiben schneiden.

ANRICHTEN

5 Die fertigen Nudeln abgießen, kurz abtropfen lassen, mit der heißen Zitronensauce vermengen und die Sahne-Zitronenschalen-Mischung locker unterheben. Mit Zitronenscheiben und Minzeblättchen garnieren.

UNBEDINGT **VERSUCHEN!**

- Den Nudelteig mit 70 g Steinpilzpulver färben. Die Nudeln herstellen und garen, wie im Rezept beschrieben. 300 g frische Steinpilze putzen und in feine Scheiben schneiden. Mit 1 zerdrückten Knoblauchzehe in 100 g Butter andünsten, 10 Salbeiblätter unterrühren. Diese Steinpilzsauce zu den Nudeln reichen.

Ravioli di **ricotta alla romana**

Ricotta-Ravioli auf römische Art

- **aus Rom**
- **raffiniert**

- **Für 4 Personen**
- **Zubereitungszeit: ca. 1½ Stunden (ohne Teigzubereitung)**
- **ca. 760 kcal je Portion**

FÜR DEN NUDELTEIG
- **400 g Nudelteig (Rezept Seite 52)**
- **Mehl zum Bestäuben**
- **4 EL grobkörniges Meersalz**

FÜR DIE FÜLLUNG
- **Salz**
- **300 g frischer Spinat**
- **140 g Parmigiano reggiano (italienischer Hartkäse)**
- **250 g Ricotta**
- **3 Eier**
- **2 EL Mehl (20 g)**
- **Muskatnuss**
- **100 g Butter**
- **10 frische Salbeiblätter**

WEINEMPFEHLUNG

Reichen Sie dazu einen würzigen, trockenen Rosé, beispielsweise einen Bardolino Chiaretto oder einen Biferno rosato

TEIGPLATTEN AUSROLLEN

1 Den Teig mit der Nudelmaschine dünn ausrollen und mit Mehl bestäuben. Die Teigblätter auf einem Holzbrett trocknen lassen.

FÜLLUNG ZUBEREITEN

2 Für die Füllung reichlich Salzwasser zum Kochen bringen. Den Spinat putzen, waschen und verlesen. Im kochenden Wasser kurz zusammenfallen lassen, abgießen, kalt abschrecken und gut ausdrücken. Die Blätter hacken. Den Parmesan reiben. Den Ricotta durch ein Sieb passieren und mit der Hälfte des Parmesans vermischen. 1 Ei, das Mehl und den Spinat unterrühren. Die Masse mit 1 Prise Muskatnuss würzen, sie sollte sehr fest sein.

TEIGPLATTEN FÜLLEN, RAVIOLI AUSSTECHEN

3 1 Ei schaumig rühren. 1 Teigblatt auf ein Holzbrett legen, die Ränder mit Ei bestreichen. Aus der Ricottamasse ca. kirschgroße Kugeln formen und im Abstand von ca. 5 cm als Reihe in die Mitte der Teigplatte legen (siehe unten). Den Teig darüber schlagen (siehe unten) und rings um die Häufchen andrücken. Mit einem Ausstecher (ca. 5 cm Ø) Halbkreise ausstechen (siehe unten). Das Ganze wiederholen, bis alles aufgebraucht ist.

RAVIOLI GAREN, IN SALBEIBUTTER SCHWENKEN

4 Gut 5 l Salzwasser zum Kochen bringen. Die Salbeiblätter waschen und trockentupfen. Die Ravioli im Wasser garen, bis sie an der Oberfläche schwimmen. Die Butter in einer Pfanne schmelzen und leicht braun werden lassen. Die Salbeiblätter darin anbraten. Die Ravioli abgießen und in der Butter schwenken. Den restlichen Parmesan dazu reichen.

Ravioli herstellen
1. Die Füllung auf die Teigplatte geben.
2. Den Teig darüber schlagen.
3. Halbmondförmige Ravioli ausstechen.

Spaghetti **alla carbonara**

Spaghetti nach Köhlerart

- **aus Rom**
- **gelingt leicht**

- **Für 4 Personen**
- **Zubereitungszeit: ca. 30 Minuten**
- **ca. 830 kcal je Portion**

ZUTATEN

- **5 EL Meersalz**
- **1 Zwiebel (ca. 80 g)**
- **300 g Pancetta tesa (luftgetrockneter Bauchspeck)**
- **je 50 g Parmigiano Reggiano und Pecorino (italienische Hartkäse)**
- **500 g Spaghetti**
- **3 EL Olivenöl**
- **1/8 l Rotwein**
- **4 Eier**
- **2 EL gehackte Petersilie**
- **Salz und Pfeffer**

WEINEMPFEHLUNG

Dazu trinke ich einen unkomplizierten, trockenen, würzigen Weißwein wie Velletri Superiore oder Libecchio bianco

MENÜVORSCHLAG

- **Lauwarmer Spargel-Salat (S. 18)**
- Spaghetti nach Köhlerart (auf dieser Seite)
- **Sahnemousse (S. 115)**

SPAGHETTI KOCHEN

1 Gut 5 l Wasser mit Meersalz zum Kochen bringen. Die Zwiebel schälen und fein hacken. Den Pancetta in ca. 1 cm große Würfel schneiden. Parmesan und Pecorino fein reiben. Die Spaghetti im Salzwasser nach Packungsangabe bissfest garen.

ZWIEBEL-PANCETTA-SAUCE ZUBEREITEN

2 Inzwischen das Olivenöl erhitzen. Zwiebelwürfel und Pancetta darin bei starker Hitze anbraten. Jetzt den Rotwein angießen und einmal aufkochen lassen, dann beiseite stellen.

SPAGHETTI ANRICHTEN

3 Die Eier schaumig aufschlagen. Parmesan und Pecorino unterrühren, mit Salz und Pfeffer würzen. Die Spaghetti abgießen und mit der Zwiebel-Pancetta-Sauce vermengen. Die Ei-Käse-Mischung unterrühren.

SERVIEREN

4 Die Spaghetti mit der Petersilie bestreuen und anschließend sofort servieren.
(auf dem linken Teller)

SCHON GEWUSST?

- Dies ist ein typisches Rezept aus meiner Heimatstadt Rom, wo man sich noch heute streitet, wie das Original-Rezept lautet. Sicher ist nur, dass weder Sahne noch Champignons, weder Erbsen noch gekochter Schinken hinein gehören! Arme Köhler sollen dieses Gericht erfunden haben, dessen sahniger Geschmack dadurch entsteht, dass die Eier erst zum Schluss untergerührt werden.

Spaghetti aglio, olio e peperoncino

Spaghetti mit Knoblauch, Öl und Peperoni

SPAGHETTI GAREN

1 Gut 5 l Wasser mit Meersalz zum Kochen bringen. Den Knoblauch schälen und in feine Scheiben schneiden. Die Peperoni fein zerkrümeln. Die Petersilie waschen und fein hacken. Die Spaghetti in dem kochenden Wasser nach Packungsangabe bissfest garen.

SAUCE ZUBEREITEN, SPAGHETTI ANRICHTEN

2 Inzwischen das Olivenöl erhitzen. Knoblauch und Peperoni darin bei mittlerer Hitze anschwitzen. Die Petersilie unterrühren. Dann 1 kleinen Schöpflöffel Nudelwasser angießen. Mit Pfeffer würzen. Die Spaghetti abgießen und sofort gut mit der Sauce vermengen. Mit Salz und Pfeffer abschmecken.
(auf dem rechten Teller)

- **aus Rom**
- **scharf**

- **Für 4 Personen**
- **Zubereitungszeit: ca. 20 Minuten**
- **ca. 670 kcal je Portion**

ZUTATEN

- **5 EL grobkörniges Meersalz**
- **2 Knoblauchzehen**
- **3 getrocknete Peperoni**
- **1 Bund frische Petersilie**
- **100 ml Olivenöl**
- **500 g Spaghetti**
- **Pfeffer, Salz**

WEINEMPFEHLUNG

Reichen Sie dazu einen Bardolino

Spaghetti **alla Sante**

Spaghetti nach Santes Art

- **Spezialität von Sante**
- **raffiniert**

- **Für 4 Personen**
- **Zubereitungszeit: ca. 45 Minuten**
- **ca. 770 kcal je Portion**

ZUTATEN

- **5 EL grobkörniges Meersalz**
- **200 g Möhren**
- **1 kleine Zucchini**
- **500 g Spaghetti**
- **2 Knoblauchzehen**
- **1 unbehandelte Zitrone**
- **7–8 Blätter Basilikum**
- **1 große, reife Avocado**
- **3 EL Olivenöl**
- **1 EL Brandy**
- **160 g Crème fraîche**
- **Salz und Pfeffer**

WEINEMPFEHLUNG

Dazu empfehle ich einen jungen, frischen, trockenen Weißwein mit blumigem Bouquet wie San Martino della Battaglia Tocai oder Corvo di Salaparuta bianco

MENÜVORSCHLAG

- **Vitello tonnato (S. 38)**
- **Spaghetti alla Sante (auf dieser Seite)**
- **Geschmortes Hähnchen (S. 86)**
- **Zuccotto (S. 131)**

SPAGHETTI GAREN, GEMÜSE UND KRÄUTER VORBEREITEN

1 Zunächst 5 l Wasser mit dem Meersalz zum Kochen bringen. Inzwischen die Möhren schälen, die Zucchini waschen und beides in feine Streifen (Juliennes) schneiden. Die Spaghetti im kochenden Wasser nach Packungsangabe bissfest garen.

2 Inzwischen die Zitrone heiß waschen und abtrocknen. Mit einem Zestenreißer die Schale abhobeln und beiseite stellen. Den Knoblauch schälen und fein hacken. Die Basilikumblätter waschen und trockentupfen, die Hälfte in feine Streifen schneiden. Die Avocado halbieren, den Stein entfernen, dann das Fleisch herauslösen und zerdrücken.

SAUCE ZUBEREITEN

3 Das Olivenöl in einer Pfanne erhitzen, den Knoblauch darin glasig werden lassen. Die Möhren hinzufügen, nach ca. 2 Minuten die Zucchini dazugeben und kurz mitdünsten, dann alles mit dem Brandy ablöschen.

4 Das Avocadofleisch unter die Sauce rühren. Die Sauce jetzt nicht mehr kochen lassen, sondern zugedeckt beiseite stellen, sonst wird die Avocado bitter und grau.

SPAGHETTI ANRICHTEN

5 Die Spaghetti abgießen und mit der Sauce vermischen. Crème fraîche und die in Streifen geschnittenen Basilikumblätter untermengen. Das Gericht mit Salz und Pfeffer würzen, mit den restlichen Basilikumblättern und den Zitronenschalenzesten garnieren und servieren.

Lasagne rosse **con ragú di coniglio**

Rote Lasagne mit Kaninchenragout

- **aus der Emilia-Romagna**
- **für Gäste**

- **Für 4 Personen**
- **Zubereitungszeit: ca. 1 1/2 Stunden (ohne Teigzubereitung)**
- **Backzeit: ca. 30 Minuten**
- **ca. 1070 kcal je Portion**

Für die Lasagneblätter
- **400 g Nudelteig (Rezept Seite 52)**
- **30 g Tomatenmark**
- **4 EL grobkörniges Meersalz**

Für das Kaninchenragout
- **1 kleine Zwiebel (ca. 50 g)**
- **450 g Kaninchenfleisch**
- **4 EL Olivenöl**
- **1 Knoblauchzehe**
- **70 g Tomatenmark**
- **2 EL Mehl**
- **1/8 l Weißwein**
- **1 EL Rosmarinnadeln**
- **6 Salbeiblätter, gehackt**
- **Salz und Pfeffer**
- **1 l Hühnerbrühe**

Für die Béchamelsauce
- **1 l Milch**
- **65 g Butter**
- **65 g Mehl, Salz**

Für die Champignons
- **200 g Champignons**
- **30 g Butter**

Ausserdem
- **100 g Parmigiano Reggiano (italienischer Hartkäse)**
- **1 EL zerlassene Butter**

Nudelteig färben

1 In den Nudelteig 30 g Tomatenmark einarbeiten. Den Teig mit der Nudelmaschine dünn ausrollen. Die Teigplatten auf ein Holzbrett legen, mit Mehl bestäuben, trocknen lassen.

Kaninchenragout zubereiten

2 Die Zwiebel schälen und fein hacken. Das Kaninchenfleisch würfeln. In einem Topf 4 EL Olivenöl erhitzen. Die Knoblauchzehe mit Schale darin anbraten. Dann das Fleisch anbraten, bis die Flüssigkeit verdampft ist. Restliches Tomatenmark einrühren. Das Ragout mit 1 Esslöffel Mehl bestäuben, mit Weißwein ablöschen und mit Rosmarin, Salbeiblättern, Salz und Pfeffer würzen. Auf ein Drittel reduzieren, dann die Hühnerbrühe angießen. Das Ragout bei schwacher Hitze zugedeckt ca. 1 Stunde garen.

Lasagneplatten garen

3 Inzwischen 5 l Wasser mit dem Meersalz zum Kochen bringen. Die Teigplatten darin garen, bis sie an der Oberfläche schwimmen. Die Teigplatten dann herausnehmen, kurz abschrecken, mit reichlich Olivenöl beträufeln und auf dem Holzbrett ausbreiten.

Béchamelsauce zubereiten, Pilze braten

4 Nun 1 l Milch zum Kochen bringen. In einem Topf 65 g Butter und 65 g Mehl anschwitzen. Unter ständigem Rühren die Milch dazugießen. Rühren, bis die Sauce cremig ist. Mit Salz würzen, beseite stellen. Die Champignons putzen und in dünne Scheiben schneiden. In Butter anbraten und beiseite stellen.

Lasagne backen

5 Den Backofen auf 200 °C vorheizen. Eine Lasagneform mit Butter ausstreichen. Die Lasagneblätter darin auslegen. Kaninchenragout, Béchamelsauce und Champignons einschichten, zwischen jede Lage eine Schicht Lasagneblätter geben, mit Parmesan bestreuen. Die oberste Schicht sollte Béchamelsauce und Parmesan sein. Die Lasagne im Backofen (Mitte) ca. 30 Minuten backen.

Gnocchi di **semolino alla romana**

Grießgnocchi nach römischer Art

- **aus Rom**
- **gelingt leicht**

- **Für 4 Personen**
- **Zubereitungszeit: ca. 1 Stunde**
- **ca. 1000 kcal je Portion**

FÜR DIE GRIESSGNOCCHI
- **300 ml Milch**
- **Salz**
- **Muskatnuss**
- **400 g Hartweizengrieß**
- **Mehl**

FÜR DIE BÉCHAMELSAUCE
- **1¼ l Milch**
- **Salz und Pfeffer**
- **Muskatnuss**
- **70 g Butter**
- **70 g Mehl**

FÜR DIE FORM
- **2 EL Butter (25 g)**

ZUM BESTREUEN
- **einige Salbeiblätter**
- **100 g Grana Padano (italienischer Hartkäse)**
- **100 g Fontina (italienischer Schnittkäse)**

GNOCCHI ZUBEREITEN

1 In einem Topf die Milch mit ¼ l Wasser zum Kochen bringen, mit Salz und Muskatnuss würzen. Den Grieß dazugeben und unter ständigem Rühren 5 Minuten quellen lassen. Diese Masse 1 bis 2 cm dick auf ein Holzbrett streichen (siehe unten). Einen Ausstecher (ca. 5 cm Ø) in Mehl tauchen und damit aus der Grießmasse Kreise ausstechen (siehe unten).

BÉCHAMELSAUCE ZUBEREITEN

2 Die Milch zum Kochen bringen und mit Salz, Pfeffer und Muskatnuss würzen. Die Butter in einem Topf erhitzen, das Mehl darin hellgelb anschwitzen. Die heiße Milch langsam einrühren und die Sauce ca. 5 Minuten bei mittlerer Hitze köcheln lassen, bis sie cremig ist.

3 Eine runde, feuerfeste Form mit der Butter ausstreichen. Den Backofen auf 200 °C vorheizen. Die Gnocchi nebeneinander in die Form legen, die Béchamelsauce darüber verteilen (siehe unten). Die Salbeiblätter waschen und in Streifen schneiden. Den Grana Padano reiben und den Fontina in kleine Würfel schneiden. Die Gnocchi gleichmäßig mit Salbei und Käse bestreuen und im Backofen (Mitte) ca. 10 Minuten gratinieren, bis die Oberfläche goldbraun ist.
(auf dem Foto rechts)

Gnocchi zubereiten:
1. **Die Grießmasse auf ein Holzbrett streichen.**
2. **Kreise ausstechen.**
3. **Die Gnocchi mit der Sauce übergießen.**

VARIATION: FÜR TOMATENFANS

Gnocchi **al pomodoro**

Gnocchi mit Tomaten-Basilikum-Sauce

Tomatensauce zubereiten

1 Die Zwiebel im Öl glasig dünsten. Die Tomaten hinzufügen und grob zerkleinern. Mit Salz und Pfeffer würzen. Ca. 10 Minuten köcheln lassen.

Gnocchi zubereiten und anrichten

2 Die Gnocchi nach dem Rezept von Seite 66, Schritt 1, zubereiten. Die Basilikumblätter in feine Streifen schneiden. Die Tomatensauce damit verfeinern. Die Gnocchi auf Teller legen, die Sauce darüber geben. Reichen Sie dazu geriebenen Grana.

- aus ganz Italien
- fruchtig-aromatisch

- Für 4 Personen
- Zubereitungszeit: ca. 15 Minuten
- ca. 430 kcal je Portion

Zutaten

- ½ große Zwiebel (gehackt)
- 1 EL Olivenöl
- 500 g geschälte Tomaten
- Salz und Pfeffer
- 1 Rezept Gnocchi (S. 66)
- ca. 10 Basilikumblätter

Risotto

Risotto (Grundrezept)

- aus der Lombardei
- gelingt leicht

- Für 4 Personen
- Zubereitungszeit: 20–25 Minuten
- ca. 590 kcal je Portion

ZUTATEN
- 3/4 l Fleischbrühe
- 1 Zwiebel (ca. 80 g)
- 70 g Butter
- 500 g Risottoreis (Superfino Arborio oder Vialone)
- 1 Schuss Weißwein

ZWIEBEL SCHÄLEN UND DÜNSTEN

1 Die Brühe zum Kochen bringen. Die Zwiebel schälen und fein hacken. Die Butter in einem Topf zerlassen und die Zwiebel darin glasig werden lassen.

REIS ZUFÜGEN, QUELLEN LASSEN

2 Den Reis dazugeben und rühren, bis alle Körner von Butter überzogen sind. Dann den Weißwein angießen und den Reis unter Rühren offen garen, bis er den Weißwein ganz aufgenommen hat. Dann nach und nach die Brühe angießen, dabei häufig umrühren. Sobald die Flüssigkeit vom Reis aufgesogen ist, wieder Flüssigkeit nachgießen. Den Reis bei schwacher Hitze 15 bis 20 Minuten offen quellen lassen. Sollte der Risotto zu trocken werden, noch etwas heißes Wasser nachgießen.

SCHON GEWUSST?

- Risotto sollte »all'onda« sein, das heißt, er sollte »Wellen« bilden. Beim Ausschöpfen muss er geschmeidig und locker auf den Teller fallen, er darf auf keinen Fall kleben. Mit Safran, geriebenem Parmesan und etwas Butter wird daraus Risotto milanese.

VARIATION: WENN'S FEIN SEIN SOLL

Risotto **al vino con ceci, noci,** fave e pecorino

Rotweinrisotto mit Kichererbsen, Nüssen und dicken Bohnen

- **Spezialität von Sante**
- **raffiniert**

- **Für 4 Personen**
- **Zubereitungszeit: ca. 30 Minuten**
- **ca. 630 kcal je Portion**

ZUTATEN
- **700 ml Fleischbrühe**
- **1 Zwiebel (ca. 80 g)**
- **50 g Butter**
- **300 g Risottoreis (z.B. Superfino Arborio)**
- **2 EL Tomatenmark**
- **¼ l Rotwein**
- **10 Salbeiblätter**
- **50 g Walnüsse (ohne Schale)**
- **50 g gegarte Kichererbsen (aus der Dose)**
- **3 EL Olivenöl**
- **100 g dicke Bohnen (ohne Schoten)**
- **Salz und Pfeffer**
- **80 g Pecorino**

RISOTTO ZUBEREITEN

1 Die Fleischbrühe zum Kochen bringen. Die Zwiebel schälen und fein hacken. Die Butter in einem Topf zerlassen, die Zwiebel darin glasig werden lassen. Den Reis dazugeben und unterrühren, bis alle Körner von Butter überzogen sind. Jetzt das Tomatenmark unterrühren. Den Risotto mit Rotwein ablöschen. Unter Rühren garen, bis der Reis den Rotwein aufgesogen hat. Dann nach und nach heiße Brühe angießen und aufkochen lassen. Den Reis bei schwacher Hitze offen ca. 13 Minuten quellen lassen.

ZUTATEN ANDÜNSTEN

2 Inzwischen den Salbei waschen, trockentupfen und fein hacken. Das Olivenöl in einer Pfanne erhitzen. Walnüsse, Kichererbsen, dicke Bohnen und Salbei darin bei mittlerer Hitze anbraten, mit Salz und Pfeffer würzen.

RISOTTO FERTIG GAREN

3 Diese Zutaten nach den 13 Minuten Quellzeit unter den Reis rühren und alles noch ca. 3 Minuten garen. Inzwischen den Pecorino reiben und kurz vor dem Servieren unter den Risotto mischen.

Polenta con funghi e gorgonzola

Polenta mit Pilzen und Gorgonzola

- aus der Lombardei
- gelingt leicht

- Für 4 Personen
- Zubereitungszeit: ca. 1 Stunde
- ca. 890 kcal je Portion

Für die Polenta
- $^1/_4$ l Milch
- Salz
- 500 feiner Maisgrieß (Polenta)

Für die Sauce
- 70 g Mirepoix (Möhren-, Zwiebel- und Selleriewürfel)
- 300 g Champignons
- 1 Zweig Petersilie
- 3 EL Olivenöl
- 200 g Sahne
- 200 g Gorgonzola
- Salz und Pfeffer

Weinempfehlung

Servieren Sie dazu unbedingt einen würzigen, rassigen Rotwein wie Barbera del Monferrato oder einen Chianti Rufina

Menüvorschlag
- Vorspeise von Bresaola und Asiago (S. 28)
- Polenta mit Pilzen und Gorgonzola (auf dieser Seite)
- Hirschgulasch (S. 84) mit süßsauren Zwiebeln (S. 102)
- Sahnemousse (S. 115)

Polenta zubereiten

1 In einem großen Topf $1^3/_4$ l Wasser mit der Milch zum Kochen bringen, mit Salz würzen. Den Maisgrieß langsam einrühren. Die Polenta bei schwacher Hitze ca. 45 Minuten köcheln lassen, dabei häufig umrühren, damit sie nicht ansetzt.

Sauce zubereiten

2 Inzwischen für die Mirepoix das Gemüse schälen und in kleine Würfel schneiden. Die Champignons putzen und in feine Scheiben schneiden. Die Petersilie waschen und fein hacken. Das Olivenöl in einem Topf erhitzen, die Gemüsewürfelchen darin bei mittlerer Hitze anbraten. Die Champignons dazugeben und ca. 2 Minuten mitbraten, dann mit der Sahne ablöschen. Mit Salz und Pfeffer würzen.

3 Den Gorgonzola würfeln und die Polenta damit bestreuen. Das Ganze noch so lange köcheln lassen, bis der Käse geschmolzen ist. Mit Salz und Pfeffer würzen.

Anrichten

4 Die Polenta auf eine Platte streichen, mit der Champignonsauce bedecken, mit der Petersilie bestreuen und servieren.

SCHON GEWUSST?

- Die Polenta wird in Italien traditionell auf einer Spianatoia, das ist eine Art hölzerne Tafel, serviert und die Sauce darüber gegossen. Statt der Spianatoia können Sie zum Servieren auch eine Platte oder einen Holzteller nehmen.

Secondi Piatti

»Sie sind der Höhepunkt einer Mahlzeit und das Highlight eines Menüs. Ausgewählte Zutaten und sorgfältige Zubereitung sind deshalb besonders wichtig.«

Ob Fisch, Fleisch oder Wild – Italiens Landschaften warten mit einer Fülle an raffinierten Rezepten auf. Bei den Gerichten, die ich Ihnen in diesem Kapitel präsentiere, werden Sie schnell entdecken, dass die kulinarischen Genüsse nicht bei raffinierten Pasta-Kreationen enden müssen, denn die würzigen Saltimbocca, die zarten Täubchen in der Kruste oder die raffinierte Dorade mit kandierten Zitronen sind nicht nur einen Versuch wert!

...Könige des zweiten Schnitts

»Wir kennen die Seele eines Tieres und haben Achtung vor den Gaben der Natur.«

In Italien kennt man viele wunderbare Fleisch-, aber auch Fischgerichte. Dabei haben sich in jeder Region bestimmte Vorlieben herausgebildet. Wir Römer beispielsweise sind typische Lamm-Esser, doch werden auch Wild, Wildschwein und Pferdefleisch gerne gegessen. Für Leute wie mich, die noch alle 32 Zähne ohne eine Spur von Karies haben, ist ein schönes Pferdehalssteak eine Offenbarung. Ja, man muss Pferdefleisch kräftig beißen, aber es schmeckt einfach herrlich.

Wir kennen keine Tabus

Überhaupt essen wir viele Dinge, die man in Deutschland auf keiner Speisenkarte finden kann, beispielsweise Schnecken. Das Schneckensammeln ist in Italien eine bis heute gepflegte Tradition, nicht nur in unserer Familie. Ich kann mich noch lebhaft daran erinnern, wie wir meinem Onkel geholfen haben, Schnecken zu sammeln. Sie wurden in Jutesäcke gefüllt und darin aufgehängt. Die Schnecken wurden täglich zwei- bis dreimal gesäubert und die Kinder spielten mit ihnen.
Ich habe den Eindruck, dass die Italiener generell einen stärkeren Bezug zur Natur haben und sich auch ohne Scheu die Dinge nehmen, die die Natur zu bieten hat, seien es Beeren, Pilze oder eben auch Schnecken.

Not macht erfinderisch

Nach dem Untergang des römischen Imperiums herrschte in Rom große Armut, eigentlich bis ins 18. Jahrhundert hinein. Es gab ein starkes Gefälle zwischen Arm und Reich, der sogenannte Mittelstand fehlte völlig. Aber die Römer haben sich damit arrangiert. Man sollte eigentlich vermuten, dass Fleisch deshalb eine eher untergeordnete Rolle gespielt hat, dies war aber nicht der Fall. Es entstanden raffinierte Fleischgerichte, die zwischenzeitlich Geschichte geschrieben haben. Die schönen, zarten Stücke wie beispielsweise Filet waren zwar den reichen Bürgern vorbehalten, aber die Römer ließen sich nicht beirren: Sie zauberten aus den Resten wahre Köstlichkeiten, man denke nur an die berühmte Coda alla vaccinara, ein wunderbar würziges Ochsenschwanzragout. Ich liebe dieses Gericht, denn es weckt Kindheitserinnerungen. Meine Großmutter hat dieses Ragout immer mit viel Liebe gekocht – und sie kocht es heute noch für mich. Mein Großvater nahm eine Serviette, so groß wie ein Tischtuch und band sie sich um, denn die Coda durfte man mit den Händen essen. Es war ein Fest für die ganze Familie.
Hühnerherz und Hühnerleber waren ebenfalls wichtige Zutaten der Arme-Leute-Küche. Besonders erwähnenswert ist pajiata, eine Spezialitität aus den Därmen des Milchkalbs, das ist ein Kalb das noch kein Gras gefressen hat, sondern nur von Muttermilch ernährt wurde. Die Gedärme werden wie Würstchen abgebunden, mit Schweineschmalz, Tomaten und Wein gegart und mit reichlich Pecorino serviert. Wenn ich jemanden nach

Rom einlade, gehört die pajiata zu den Speisen, die ich meinen Gästen serviere. Ich sage nie, was sie essen, und alle sind begeistert. Wenn ich dann allerdings das Geheimnis lüfte, blicke ich oft in betretene Gesichter: Wer mag schon gerne Sch... essen! Obwohl es das streng genommen nicht ist, denn ein Milchkalb hat sich ja von nichts anderem als von Milch ernährt.
Die Römer haben sich aufgrund ihrer Armut auf solche Gerichte spezialisiert: Sie sind die Könige des zweiten Schnitts. Deshalb findet man in Rom auch heute noch sehr viele Gerichte mit Innereien. Die Römer sagen: »Wer Innereien isst, kennt die Seele eines Tieres.« Filets, Braten oder andere »feinere« Fleischstücke sind Gerichte der nördlichen Regionen Italiens, der Toskana, Umbriens, der Emilia-Romagna, der Abruzzen und anderen.

Achtung vor den Geschöpfen Gottes

Viele sind heute gegen den Fleischgenuss. Ich bin der Meinung, wenn Gott nicht gewollt hätte, dass wir Fleisch und Fisch essen, dann wären sie giftig. Wenn wir Tiere essen, was der Mensch tut, seit es ihn gibt, haben wir Achtung vor diesen Geschöpfen Gottes. Wenn wir beispielsweise einen Hummer töten, machen wir es so, dass das Tier möglichst wenig leidet. Wenn wir ihn also in kochendes Wasser tauchen, so tun wir dies zuerst mit dem Kopf, damit er schnell betäubt ist.
Ich vergleiche das gerne mit der Einstellung der Indianer den Büffeln gegenüber. Sie haben ihre Büffel zwar gejagt und gegessen, sie aber dennoch respektiert. Das mag für manchen zynisch klingen, doch entspricht es der Realität.

Der Stiefel: 1400 km Strände

Italien ist ein Land der Fischer, denn es ist von Meer umgeben. Das Angebot an Meeresfischen oder Meeresfrüchten ist entsprechend groß. Dazu kommen zahlreiche Binnenseen und Flüsse, mit ihrem Reichtum an Süßwasserfischen.
Typisch für Italien ist der Schwertfisch, ein großer haiartiger Fisch, aber auch der Stör, der in Italien gezüchtet wird und nicht nur festes Fleisch, sondern auch den begehrten Kaviar liefert. An Süßwasserfischen ist allen voran die Forelle zu nennen, die Bach-, die Regenbogen- und die Lachsforelle. Die Regionen Norditaliens sind bekannt für ihre wunderbaren Forellengerichte.
Sardinien und Sizilien verfügen aufgrund der erstklassigen Wasserqualität über einen besonders großen Fischreichtum. Sogar Haie, Delphine und Wale wurden vor ihren Küsten gesichtet, Fische, die nur in sehr sauberen Gewässern existieren können. Hinzu kommt eine Fülle an Muscheln und Meeresfrüchten.
In italienischen Gewässern werden Krustentiere gefangen, die man sonst nur selten findet. So gibt es bei uns Königskrabben, die sonst nur bei den Karibischen Inseln gefangen werden, verschiedene Hummerarten, Riesengarnelen und Scampi, um nur einige zu nennen.

Baccalà und Stocafisso: Notproviant für den Winter

Trotz dieses Reichtums an frischem Fisch, spielt auch getrockneter Fisch wie baccalà (gesalzener und getrockneter Kabeljau) sowie stocafisso (getrockneter Kabeljau) eine große Rolle.
Die getrockneten Fische waren und sind eine traditonelle Fastenspeise. Das Trocknen des Fisches war – wie das Trocknen von Fleisch – eine Möglichkeit, etwas von dem Fischreichtum des Sommers in den Winter zu retten und damit den Vorrat zu erweitern. Obwohl sich die Verhältnisse grundlegend geändert haben, hat getrockneter Fisch nichts an Beliebtheit verloren, vielleicht liegt das daran, dass man sich nicht gerne von überlieferten Traditionen trennt.

Die »Früchte« des Meeres

Umbrien ist die einzige Region Italiens, die keinen direkten Zugang zum Meer hat. Auf der restlichen Halbinsel verfügt dagegen jede Provinz über ihren »eigenen« Meeresstreifen und ihre individuellen Spezialitäten an Meeresfrüchten und Fischen. In Ligurien beispielsweise gibt es fasolari, das sind größere Venusmuscheln, oder ricci, Seeigel, die wirklich fantastisch schmecken. Sie werden, wie manche Muschelarten, roh gegessen. Selbst Miesmuscheln kann man zwischenzeitlich ohne Bedenken roh essen, seit das Meer um Italien eine hervorragende Wasserqualität hat.
Eine andere Spezialität sind cannolicchi, schmale Muscheln, die bis zu 30 cm lang werden können. Sie sind scharf wie Rasiermesser und ziemlich heimtückisch, denn sie verstecken sich im Sand, wobei sie nicht liegen, sondern aufrecht stehen. Wenn man barfuß auf sie tritt, kann das ziemlich schmerzhaft sein. Deshalb fängt man sie am besten bei Ebbe, denn dann kann man den Boden besser nach ihnen absuchen und sie vorsichtig herausziehen. Die Mühe lohnt sich allerdings, denn cannolicchi schmecken hervorragend.
In Ostia, aber nicht nur dort, gehen die tellinari, die Muschelfänger, jeden Tag auf Fang. Sie haben kleine Netze, mit denen sie telline und andere feine Muscheln fangen.

Fisch – auch eine Frage der Mode

Im Augenblick sind vor allem Schwert-, Hai- und Walfisch gefragt. Lange Zeit hatte man im Mittelmeer ja keine Haie mehr gesehen. Inzwischen sind es wieder so viele, dass man sie fangen muss, um den Bestand zu reduzieren. An der Küste Richtung Sardinien gibt es sogar weiße Haie.
Thunfischsteaks haben dagegen bei uns nie eine große Rolle gespielt. Das ist eher eine Tradition der nordeuropäischen Länder. In Italien wird Thunfisch vor allem als Konserve verwendet oder zu Saucen gekocht.

Italien – das Land der Weine

Italien hat eine Produktion von 40 Millionen Hektolitern Wein im Jahr und gehört so zu den größten Produzenten auf der Welt. Italienische Weine sind auf der ganzen Welt hoch geschätzt, sie haben es sogar geschafft, die französischen Weine vom Markt zu verdrängen. Das muss nicht weiter verwundern, denn Italien verfügt über zahlreiche Weingüter von internationalem Renommee, deren Kellermeister es verstanden haben, die klimatischen Verhältnisse und ihr Fachwissen für die Schaffung optimaler Produkte zu nutzen, die zunächst in einem günstigen Preis-Leistungs-Verhältnis zu den französischen Weinen standen. Der Verdrängungswettbewerb war in vollem Gang und der italienische Wein hat bis heute immer mehr Liebhaber gefunden.

Der Tradition verpflichtet, für Fortschritt offen

Der Weinanbau hat in Italien eine lange Tradition, ebenso wie der Fischfang. Die Lombardei, das Friaul, das Trentino, das Piemont und die Toskana produzieren hervorragende Weine. Vor allem die Toskana hat sich in den letzten Jahren einen großen Namen gemacht mit Spitzengewächsen wie Sassicaia oder Tignanello, um nur die bekanntesten zu nennen.
Prosecco ist eine Schöpfung, die wir Italien verdanken, und den ich, vor allem im Sommer, als erfrischenden Aperitif schätze. Ansonsten bevorzuge ich kräftige Weiß- und Rotweine. Dabei den-

ke ich an Greco di tufo, eine alte römische Rebsorte, die vor allem in Kampanien kultiviert wird oder die Weine des Chianti-Gebiets, beispielsweise einen Sangioveto.
Schön ist die Tendenz, dass man sich in Italien wieder auf die eigenen Werte besinnt und Weine aus alten Rebsorten kultiviert wie Teroldego, Marzemino oder Nosiola im Trentino oder den bereits erwähnten Greco di tufo in Süditalien. Mein absoluter Lieblingswein ist Barolo, denn er hat Ausdruck und Kraft. Außerdem liebe ich den Geschmack der Erde, die dem Wein sein besonderes Aroma gibt.

Italien – Lebensfreude zum Anfassen

Wenn ich an meine Kinder- und Jugendzeit in Italien denke, habe ich viele schöne Erinnerungen, die oft auch mit kulinarischen Genüssen zusammenhängen. Den Italienern ist die Lust am Genuss offensichtlich schon in die Wiege gelegt. Als junger Bursche habe ich im Hotel gearbeitet. Wir waren eine Clique von jungen Leuten und manchmal ziemlich verrückt. Wenn einem von uns eingefallen ist, nach Amatrice zu fahren, um dort echte Bucatini all'amatriciana zu essen, sind wir nach Feierabend um 10 oder 11 Uhr abends in einer Kolonne losgefahren – Amatrice ist immerhin 60 Kilometer von Rom entfernt. Beim Bucatiniessen ist es natürlich nicht geblieben, sondern wir haben die Nacht zum Tag gemacht, geschlemmt und getrunken. Zum Schluss, bevor man wieder zur Arbeit ging, gab's dann Espresso oder Cappuccino und Cornetti sowie mit Zabaionecreme gefüllte Krapfen.

Saltimbocca **alla romana**

Kalbsschnitzelchen mit Salbei

- **aus Rom**
- **für Gäste**

- **Für 4 Personen**
- **Zubereitungszeit: 20–25 Minuten**
- **ca. 320 kcal je Portion**

ZUTATEN

- **8 sehr dünne Kalbsschnitzel à ca. 80 g**
- **8 frische Salbeiblätter**
- **8 hauchdünne Scheiben Prosciutto di Parma**
- **2 EL Olivenöl**
- **1 EL Butter**
- **50 ml trockener Weißwein**
- **etwas Zitronensaft**
- **1/8 l Kalbsfond aus dem Glas**
- **Salz und Pfeffer**

WEINEMPFEHLUNG

Dazu passt ein fruchtiger Weißwein mit feiner Säure wie ein 98er Roero Arneis »Bricco delle Cilicge« DOC

MENUVORSCHLAG

- **Parmaschinkenröllchen (S. 30)**
- **Ricotta-Ravioli (S. 58)**
- **Saltimbocca (auf dieser Seite) mit Kartoffel-Zucchini-Auflauf (S. 107)**
- **Marinierte Zabaione (S. 114)**

SCHNITZEL VORBEREITEN

1 Die Schnitzel mit einem Plattiereisen (ohne Noppen) gut flach klopfen. Den Salbei waschen. Jedes Schnitzel mit 1 Schinkenscheibe und 1 Salbeiblatt belegen, den Schinken eventuell mit einem Holzspießchen feststecken.

SCHNITZEL BRATEN

2 Öl und Butter in einer großen Pfanne erhitzen und die Schnitzel darin portionsweise in 3 bis 4 Minuten von beiden Seiten braten. Die fertigen Schnitzel dann aus der Pfanne nehmen und zugedeckt warm halten.

SAUCE ZUBEREITEN

3 Den Bratensatz mit dem Weißwein unter Rühren ablöschen. Zitronensaft und Kalbsfond dazugeben und die Sauce auf ein Drittel einkochen lassen. Mit Salz und Pfeffer abschmecken.

ANRICHTEN

4 Jeweils 2 Saltimbocca auf einem Teller anrichten und mit etwas Sauce beträufeln.

SCHON GEWUSST?

- Vielen ist Salbei nur in Form von Hustenbonbons oder als Tee gegen Halsschmerzen bekannt. In meiner Heimat wird frischer Salbei oft und gerne verwendet, denn sein kräftiges Aroma harmoniert hervorragend mit Fleisch, passt aber auch zu Nudeln oder Gnocchi.

Ossobuco **alla cremolata**

Kalbshaxenscheiben mit Cremolata

- **aus der Lombardei**
- **braucht etwas Zeit**

- **Für 4 Personen**
- **Zubereitungszeit: ca. 3 Stunden**
- **ca. 1250 kcal je Portion**

Für den Fleischfond (Jus de viande)

- **150 g Möhren-, Zwiebel- und Selleriewürfel (Mirepoix)**
- **5 EL Olivenöl**
- **500 g Kalbsknochen**
- **1 EL Tomatenmark**
- **¼ l Rotwein**
- **Salz und Pfeffer**

Für das Ossobuco

- **350 g Möhren-, Zwiebel- und Selleriewürfel (Mirepoix)**
- **4 schöne Kalbshaxenscheiben à ca. 220 g (mit Knochen und Mark)**
- **Salz**
- **100 g Mehl**
- **3 EL Olivenöl**
- **3 Lorbeerblätter**
- **100 g Butter**
- **¼ l Weißwein**
- **500 g geschälte Tomaten aus der Dose**

Ausserdem

- **300 g Champignons**
- **1 unbehandelte Zitrone**
- **3 Knoblauchzehen**
- **1 Zweig Petersilie**
- **Salz und Pfeffer**

Weinempfehlung

Dazu passt ein trockener, körperreicher Rotwein mit holzigem Aroma wie Gutturnio oder Settesoli rosso

Fleischfond zubereiten

1 Für die Mirepoix das Gemüse schälen und grob würfeln. Das Öl in einem Topf erhitzen, die Kalbsknochen darin scharf anbraten. Die Gemüsewürfelchen dazugeben. Das Tomatenmark unterrühren, mit Rotwein ablöschen und mit 5 l Wasser auffüllen. Die Flüssigkeit bei mittlerer Hitze auf ca. 1½ l reduzieren. Den Fleischfond durch ein feines Sieb passieren, mit Salz und Pfeffer würzen und abkühlen lassen.

Gemüse und Fleisch anbraten

2 Das Gemüse schälen und in gleichmäßige kleine Würfel schneiden. Die Kalbshaxenscheiben kalt abspülen, trockentupfen, salzen und in Mehl wenden. In einem großen Topf das Öl erhitzen, das Gemüse und die Lorbeerblätter darin bei schwacher Hitze anbraten. In einer Pfanne die Butter erhitzen, die Kalbshaxenscheiben darin bei mittlerer Hitze anbraten.

Fleisch und Gemüse garen

3 Das Fleisch zum Gemüse geben und mit Weißwein ablöschen. Die geschälten Tomaten pürieren und mit ca. 1 l Fleischfond dazugeben (restlichen Fleischfond portionsweise tiefkühlen). Alles zugedeckt ca. 1½ Stunden bei schwacher Hitze garen. Das Fleisch ist gar, wenn es sich leicht vom Knochen lösen lässt.

Champignons und Cremolata vorbereiten

4 Kurz vor Ende der Garzeit die Champignons putzen und hacken. Für die Cremolata die Zitrone heiß abwaschen und in Scheiben schneiden. Den Knoblauch schälen und die Petersilie waschen. Zitrone, Knoblauch und Petersilie fein hacken, über das Fleisch streuen und alles noch ca. 10 Minuten köcheln lassen.

SCHON GEWUSST?

- Dieses Rezept heißt »Ossobuco alla milanese«, wenn Sie dazu »Risotto allo zafferano« (Safranrisotto) reichen. Safranrisotto können Sie ganz leicht selbst herstellen, indem Sie Risotto (Grundrezept Seite 68) mit 1 g Safran färben und ca. 100 g geriebenen Parmesan sowie 60 g Butter unterrühren.

Cosciotto **d'agnello ripieno**

Gefüllte Lammkeule

- **aus dem Latium**
- **braucht etwas Zeit**

- **Für 6 Personen**
- **Zubereitungszeit: ca. 1½ Stunden**
- **ca. 500 kcal je Portion**

FÜR DAS FLEISCH
- **1 Lammkeule (ca. 1½ kg)**

FÜR DIE FÜLLUNG
- **1 kleine Möhre**
- **1 kleine Zucchini**
- **50 g Lauch**
- **300 g Kalbshackfleisch**
- **1 Ei**
- **Salz und Pfeffer**
- **1 EL frische, gehackte Kräuter (Salbei, Rosmarin, Thymian)**
- **3–4 EL Olivenöl**

FÜR DIE SAUCE
- **300 g Möhren-, Zwiebel- und Selleriewürfel (Mirepoix)**
- **2 Knoblauchzehen**
- **1 EL frische, gehackte Kräuter (Salbei, Rosmarin, Thymian)**
- **⅛ l trockener Weißwein**

WEINEMPFEHLUNG

Trinken Sie dazu einen trockenen, nicht zu alten Rotwein mit fruchtigem Bouquet, z. B. einen Campo del Lago Merlot oder Cabernet Sauvignon di Miralduolo

FLEISCH VOM KNOCHEN LÖSEN

1 Das Fleisch mit einem scharfen Messer von den Knochen lösen, die inneren Knochen entfernen. Das Fleisch mit einem Fleischklopfer flach klopfen (siehe unten), es sollte ca. 3 cm dick sein.

FÜLLUNG ZUBEREITEN

2 Möhre und Zucchini schälen, würfeln den Lauch längs aufschneiden, waschen und in Rauten schneiden. Das Hackfleisch mit dem Ei und dem Gemüse vermengen, mit Salz und Pfeffer würzen.

LAMMKEULE FÜLLEN UND GAREN

3 Den Backofen auf 200 °C vorheizen. Die Lammkeule innen mit Salz, Pfeffer und den Kräutern einreiben, mit der Hackfleisch-Gemüse-Masse bestreichen, zusammenklappen und zunähen (siehe unten). Die Lammkeule außen salzen, pfeffern und mit Olivenöl beträufeln. In einem Bräter im Ofen (Mitte) ca. 30 Minuten garen.

4 Für die Sauce das Gemüse schälen undzerteilen. Knoblauch schälen. Mit Gemüse, Kräuter und Weißwein zum Fleisch geben, ca. 1 Stunde offen schmoren lassen. Die Lammkeule häufig mit dem Bratenfond übergießen. Immer wieder Wasser nachgießen.

LAMMKEULE ANRICHTEN

5 Die Keule herausnehmen, ruhen lassen. Den Bratenfond samt Gemüse pürieren. Die Keule in Scheiben schneiden, mit dem Fond servieren. Dazu passen die süßsauren Zwiebeln von Seite 102.

Lammkeule vorbereiten:

1. Die beiden unteren Knochen aus der Keule herauslösen. Das Fleisch flach klopfen.
2. Die gefüllte Keule mit Küchengarn zunähen.

Spezzatino di cervo con salsa delicata

Rustikales Hirschgulasch

- **aus dem Friaul**
- **gelingt leicht**

- **Für 4 Personen**
- **Zubereitungszeit: ca. 2 Stunden**
- **ca. 700 kcal je Portion**

ZUTATEN
- **1 Möhre**
- **100 g Knollensellerie**
- **120 g Lauch**
- **6 EL Olivenöl**
- **800 g Hirschgulasch**
- **50 g Butter**
- **Salz und Pfeffer**
- **1/2 l Weißwein**
- **1/4 l Fleischbrühe**
- **2 Stauden Chicorée**
- **150 g Sahne**

WEINEMPFEHLUNG

Dazu empfehle ich einen Rotwein mit leichtem, fruchtigem Bouquet, beispielsweise Bardolino DOC

MENÜVORSCHLAG
- **Vorspeise von Bresaola und Asiago (S. 28)**
- **Polenta mit Pilzen und Gorgonzola (S. 70)**
- **Hirschgulasch (auf dieser Seite) mit süßsauren Zwiebeln (S. 102)**
- **Sahnemousse (S. 115)**

ZUTATEN ANBRATEN

1 Möhre und Sellerie schälen und in Würfel schneiden. Den Lauch längs aufschneiden, waschen und in Rauten schneiden. In einer großen Pfanne 4 Esslöffel Olivenöl erhitzen, das Hirschgulasch darin bei starker Hitze anbraten. Das Fleisch aus der Pfanne nehmen und beiseite stellen. In derselben Pfanne die Butter zerlassen, das zerkleinerte Gemüse darin bei schwacher Hitze anbraten. Das Gulasch wieder dazugeben, mit Salz und Pfeffer würzen. Die Hälfte des Weißweins angießen und bei mittlerer Hitze auf ein Drittel reduzieren.

GULASCH SCHMOREN

2 Jetzt die Fleischbrühe angießen und alles bei schwacher Hitze ca. 1 3/4 Stunden offen köcheln lassen, gelegentlich umrühren. Wenn nötig, noch etwas Wasser angießen.

CHICORÉE GAREN

3 Ca. 30 Minuten vor Ende der Garzeit den Backofen auf 220 °C vorheizen. Vom Chicorée die äußeren Blätter entfernen. Die Stauden waschen und längs halbieren. Die 4 Hälften in eine Auflaufform legen, mit Salz und Pfeffer würzen, mit ein wenig Olivenöl beträufeln und mit dem restlichen Wein begießen. Im Backofen (Mitte) ca. 15 Minuten offen garen.

GULASCH FERTIG STELLEN UND ANRICHTEN

4 Das Hirschgulasch 10 Minuten vor Ende der Garzeit mit der Sahne verfeinern. Die Sauce sämig einkochen lassen. Das Gulasch mit dem Chicorée servieren.

Pollo e peperoni

Geschmortes Hähnchen mit Paprikagemüse

- aus ganz Italien
- gelingt leicht

- Für 6 Personen
- Zubereitungszeit: ca. 1½ Stunden
- ca. 720 kcal je Portion

Für das Hähnchen
- 2 kleine Brathähnchen à ca. 700 g
- Salz und Pfeffer
- 500 g rote, gelbe und grüne Paprikaschoten
- 1 große Zwiebel
- 5 EL Olivenöl
- 50 g Mehl
- ¼ l Weißwein
- ¼ l Weißweinessig
- 1 kg geschälte Tomaten aus der Dose

Für die Rosmarinkartoffeln
- 3 große Kartoffeln
- 2 Knoblauchzehen
- 1 Zweig Rosmarin
- 5 EL Olivenöl
- Salz und Pfeffer

Weinempfehlung
Hier passt ein leichter, eleganter Rotwein mit holzigem Bouquet wie Franconia oder Pomini rosso

Menüvorschlag
- Vitello tonnato (S. 38)
- Spaghetti alla Sante (S. 62)
- Geschmortes Hähnchen (auf dieser Seite)
- Zuccotto (S. 131)

Hähnchen und Gemüse vorbereiten

1 Die Hähnchen außen und innen waschen und mit den Knochen in ca. 3 cm große Stücke teilen. Die Stücke kalt abspülen, dann trockentupfen und mit Salz und Pfeffer würzen. Die Paprikaschoten waschen, putzen und in etwa gleich große Würfel schneiden. Die Zwiebel schälen und in Streifen schneiden.

Hähnchen und Gemüse braten und garen

2 Das Olivenöl in einem Topf erhitzen und die Hähnchenstücke darin bei starker Hitze anbraten. Die Paprikawürfel und die Zwiebelstreifen dazugeben und kurz mitbraten. Alles mit dem Mehl bestäuben, mit Wein und Essig ablöschen. Die Tomaten pürieren und dazugeben. Mit Salz und Pfeffer würzen. Alles bei schwacher Hitze gut 1 Stunde zugedeckt köcheln lassen. Wenn nötig, etwas Wasser nachgießen.

Rosmarinkartoffeln zubereiten

3 Den Backofen auf 200 °C vorheizen. Die Kartoffeln schälen und in Achtel schneiden. Den Rosmarin waschen, die Nadeln abstreifen. Den Knoblauch schälen und zerdrücken. Die Kartoffelspalten auf einem Backblech verteilen, mit etwas Olivenöl beträufeln, mit Salz und Pfeffer würzen und mit den Rosmarinnadeln und dem Knoblauch bestreuen. Im Backofen (Mitte) ca. 45 Minuten backen, dabei immer wieder wenden.

Hähnchen und Kartoffeln anrichten

4 Das fertige Huhn in einer Schüssel anrichten und die Rosmarinkartoffeln getrennt dazu reichen.

Piccioni in crosta

Taube in der Kruste

- Spezialität von Sante
- für Gäste

- Für 4 Personen
- Zubereitungszeit: ca. 1½ Stunden
- ca. 870 kcal je Portion

ZUTATEN
- 500 g tiefgekühlter Blätterteig
- 1 große Zwiebel (ca. 100 g)
- 3 EL Olivenöl
- Salz
- ⅛ l trockener Weißwein
- 200 g Hühnerleber
- 4 Tauben
- Pfeffer
- 150 g Pfifferlinge
- Mehl zum Ausrollen
- 1 Ei

WEINEMPFEHLUNG

Genießen Sie dazu einen jungen, herzhaften Rotwein mit blumigem Bouquet, z. B. Rubino di Cantaneva oder Colli Perugini rosso

LEBERFARCE ZUBEREITEN, TAUBEN FÜLLEN

1 Blätterteig auftauen lassen. Die Zwiebel schälen und fein hacken. In 1 Esslöffel erhitzten Olivenöl glasig werden lassen, salzen. Wein angießen und bei schwacher Hitze köcheln lassen, bis die Zwiebeln weich sein. Die Leber kalt abbrausen, von Haut und Sehnen befreien, zur Zwiebel geben und ca. 3 Minuten mitköcheln lassen (sie sollte innen noch rosa sein). Im Mixer pürieren.

2 Die Tauben kalt waschen und trockentupfen. Haut, Knorpel und Fett entfernen. Die Tauben auslösen (siehe unten), das Fleisch flach klopfen (ca. 1 cm dick), salzen und pfeffern.

3 Die Pfifferlinge putzen und in feine Scheiben schneiden. In 1 Esslöffel Olivenöl bei starker Hitze braten. Die Tauben damit belegen, zusammenrollen und mit Küchengarn umwickeln (siehe unten). In 1 Esslöffel Olivenöl die Tauben bei starker Hitze anbraten.

TAUBEN IN TEIG EINSCHLAGEN, BACKEN

4 Ein Backblech mit Backpapier auslegen. Den Ofen auf 220 °C vorheizen. Blätterteig auf wenig Mehl zu einem dünnen Rechteck von ca. 30 x 40 cm ausrollen, in vier rechteckige Stücke schneiden und mit der Leberfarce bestreichen, rundum einen Rand lassen. Das Garn entfernen. Je 1 Taube in ein Rechteck setzen. Die Teigecken zur Mitte hin einschlagen (siehe unten). Die Teigpäckchen, Nahtseite nach unten, auf das Blech legen. Das Ei schaumig schlagen, die Päckchen damit bestreichen. Die Tauben mindestens 15 Minuten backen. Dazu passt in Butter gedünsteter Blattspinat.

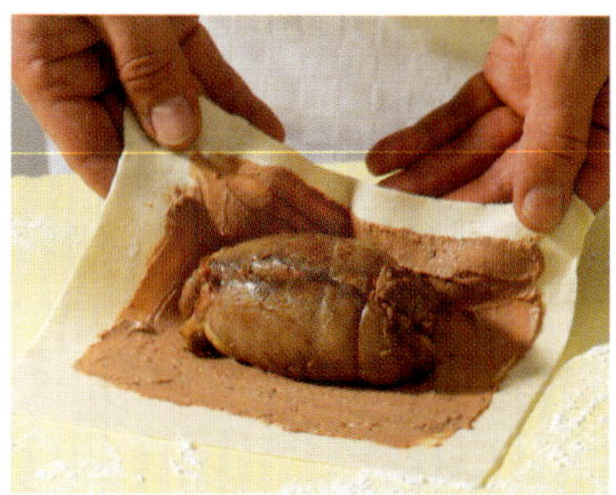

Taube vorbereiten

1. Das Fleisch vorsichtig von den Knochen lösen.
2. Die Taube mit der Füllung zusammenrollen.
3. Die Taube in den Blätterteig einrollen.

Orata con limone candito al sale grosso

Dorade mit kandierten Zitronen

- Spezialität von Sante
- raffiniert

- Für 4 Personen
- Zubereitungszeit: ca. 1½ Stunden
- Marinierzeit: ca. 5 Tage
- ca. 420 kcal je Portion

ZUTATEN

- 2 unbehandelte Zitronen
- grobkörniges Meersalz
- 4 küchenfertige Doraden à ca. 350 g
- 1 Zweig Petersilie
- 1 Zweig Rosmarin
- 350 g Zwiebel-, Lauch- und Staudenselleriewürfel (Fisch-Mirepoix)
- 2 EL Weißweinessig
- 2 Lorbeerblätter
- Salz und Pfeffer
- 80 ml Olivenöl

WEINEMPFEHLUNG

Dazu passt ein trockener, im Barrique ausgebauter, sehr aromatischer und gut strukturierter Weißwein mit Trockenfrucht-Nachgeschmack wie Cervaro della Sala

DIE ZITRONEN »KANDIEREN«

1 Die Zitronen 5 Tage vor der Zubereitung mit Meersalz »kandieren«. Dafür die Zitronen waschen, trockenreiben und in ca. ½ cm dicke Scheiben schneiden, mit Meersalz in eine Terrinenform füllen. Die letzte Schicht ist Meersalz. Zugedeckt 5 Tage kalt stellen.

FISCHE VORBEREITEN, FISCHFOND KOCHEN

2 Die Doraden waschen und die Schuppen abkratzen (siehe unten). Die Köpfe abschneiden (siehe unten). Die Fische filetieren (siehe unten). Mit einer Pinzette die Gräten aus den Filets zupfen. Petersilie und Rosmarin waschen. Für die Mirepoix das Gemüse waschen oder schälen, würfeln. Mit den Fischköpfen und den Gräten in einen Topf geben, 2 l Wasser angießen. Petersilie, Essig, Lorbeerblätter, Salz und einige Pfefferkörner dazugeben und langsam erhitzen. Knapp unter dem Siedepunkt ca. 10 Minuten ziehen lassen.

DIE FISCHFILETS GAREN

3 Den Ofen auf 220 °C vorheizen. Die Fischfilets auf ein Blech legen. Den Fond durch ein Spitzsieb passieren. Die Filets zur Hälfte mit Fond bedecken, mit Pfeffer und Rosmarinnadeln bestreuen und mit den Zitronenscheiben belegen. Im Ofen (Mitte) ca. 10 Minuten garen. Die Fische mit den Zitronenscheiben auf einer Platte anrichten. Den Fond vom Blech durch ein Sieb gießen, in eine Sauciere füllen.

Dorade schuppen und filetieren:
1. Die Schuppen mit dem Messerrücken vom Schwanz zum Kopf abschaben.
2. Den Kopf abschneiden.
3. Das obere Filet entlang der Mittelgräte abschneiden. Wenden. Das zweite Filet abschneiden.

Nocette di pescatrice **agli scampi**

Gefüllte Seeteufelschnitten mit Scampi

- **aus Genua**
- **für Gäste**

- **Für 6 Personen**
- **Zubereitungszeit: ca. 50 Minuten**
- **ca. 540 kcal je Portion**

ZUTATEN
- **6 Scampi**
- **10 Schalotten**
- **5 EL Olivenöl**
- **1½ kg Seeteufel am Stück**
- **Salz und Pfeffer**
- **200 g roher Schinken in dünnen Scheiben**
- **2 EL Butter (25 g)**
- **200 g Sahne**
- **1–2 Zweige frischer Estragon**

WEINEMPFEHLUNG
Hier passt ein trockener Weißwein mit fruchtigem Bouquet wie Greco di Tufo

MENÜVORSCHLAG
- **Vorspeisenvariation von Crostini und Bruschetta (S. 24)**
- **Bandnudeln mit Venusmuscheln (S. 54)**
- **Gefüllte Seeteufelschnitten (auf dieser Seite)**
- **Frittierte Reisrauten (S. 120)**

SCAMPISUD HERSTELLEN
1 Die Scampis waschen, aus den Schalen lösen, die Köpfe entfernen und beiseite legen. Mit einem spitzen Messer den Darm auf der Rückseite der Scampi entfernen. 1 Schalotte schälen und fein hacken. 1 Esslöffel Olivenöl erhitzen. Die Schalotte darin dünsten. Nun die Scampiköpfe dazugeben und bei starker Hitze anbraten. ½ l Wasser angießen und alles ca. 40 Minuten bei mittlerer Hitze offen köcheln lassen.

SEETEUFEL FÜLLEN UND EINROLLEN
2 Die restlichen Schalotten schälen und in Scheiben schneiden. Den Seeteufel waschen, Haut, Mittelknochen und Gräten entfernen. Die Filetspitzen entfernen. Die 2 Filetstücke an einer Seite längs aufschneiden, aufklappen, salzen und pfeffern. Die Scampis in die Mitte legen, die Filets jeweils wieder zuklappen.

3 Die Schinkenscheiben zu einem Rechteck auslegen. Die gefüllten Seeteufelfilets darauf legen und einrollen. Vom Küchengarn sechs ca. 20 cm lange Stücke abschneiden, die Filets damit in gleichen Abständen zubinden, dann zwischen den Fäden in 6 möglichst gleich große Portionen schneiden.

SEETEUFELSCHNITTEN BRATEN
4 Restliches Öl und Butter in einer Pfanne zerlassen. Die Seeteufelschnitten darin bei mittlerer Hitze ca. 2 Minuten von beiden Seiten braten. Dann die Schnitten herausnehmen und zugedeckt beiseite stellen.

SAUCE ZUBEREITEN
5 Die Schalotten in dem Bratfett glasig werden lassen. Den Scampifond durch ein feines Sieb gießen und mit der Sahne zu den Schalotten geben. Bei mittlerer Hitze einkochen lassen, bis die Sauce sämig ist. Mit Salz und Pfeffer würzen.

SEETEUFELSCHNITTEN FERTIG GAREN
6 Die Seeteufelschnitten in die Sauce geben und ca. 2 Minuten ziehen lassen. Den Estragon waschen, die Blättchen fein hacken. Die Seeteufelschnitten auf einer Platte anrichten, mit der Sauce überziehen und mit dem Estragon bestreuen. Dazu passt gedünstetes Gemüse.

Rombo **con rucola**

Steinbutt mit Rucola

- **Spezialität von Sante**
- **gelingt leicht**

- **Für 4 Personen**
- **Zubereitungszeit: ca. 40 Minuten**
- **ca. 730 kcal je Portion**

ZUTATEN

- **700 g frische Venusmuscheln**
- **4 Steinbuttfilets à ca. 180 g**
- **150 g Rucola**
- **4 dünne Scheiben Pancetta (luftgetrockneter Bauchspeck)**
- **3 EL Butter**
- **1 EL Mehl**
- **1/8 l halbtrockener Weißwein**
- **1 g Safran**
- **100 ml Olivenöl**
- **Salz und Pfeffer**

WEINEMPFEHLUNG

Dazu empfehle ich einen jungen, trockenen Weißwein mit blumigem Bouquet wie Falanghina

MENÜVORSCHLAG

- **Vorspeise von Austern und Venusmuscheln (S. 34)**
- **Zitronen-Tagliolini (S. 56)**
- **Steinbutt mit Rucola (auf dieser Seite)**
- **Cassata (S. 124)**

VENUSMUSCHELN GAREN UND AUSLÖSEN

1 Die Venusmuscheln mehrere Male waschen, geöffnete Muscheln wegwerfen. In einem großen Topf 5 Esslöffel Olivenöl erhitzen, die Muscheln zugedeckt ca. 5 Minuten dünsten, bis sie sich öffnen. Den entstandenen Sud durch einen Filter gießen. Das Muschelfleisch aus den Schalen lösen, geschlossene Muscheln wegwerfen.

FISCHFILETS BRATEN

2 Die Steinbuttfilets mit Salz und Pfeffer würzen und mit je 1 Scheibe Pancetta umwickeln. Dann in einer Pfanne das restliche Olivenöl erhitzen, die Fischfilets darin von beiden Seiten gut anbraten, beiseite stellen.

RUCOLA UND MUSCHELN ERHITZEN

3 Den Rucola waschen, trockentupfen und zerkleinern. Die Steinbuttfilets aus der Pfanne nehmen und darin die Butter zerlassen. Den Rucola und die Venusmuscheln in der Butter kurz andünsten. Mit Weißwein ablöschen, mit einer großzügigen Prise Safran, Salz und Pfeffer würzen.

FISCHFILETS ERWÄRMEN UND SERVIEREN

4 Die Filets wieder in die Sauce geben und darin ca. 2 Minuten bei schwacher Hitze erwärmen.

SCHON GEWUSST?

- Venusmuscheln enthalten häufig Sand. Sie können dies ganz einfach feststellen, indem Sie jede einzelne Muschel aus etwa 15 cm Höhe auf die Arbeitsfläche fallen lassen. Muscheln, die mit Sand gefüllt sind, öffnen sich dabei. Solche, die sich leer anhören, sind tot und müssen weggeworfen werden.

Seppie e piselli

Sepien und Erbsen

- aus Kampanien
- für Gäste

- Für 4 Personen
- Zubereitungszeit: ca. 1½ Stunden
- ca. 350 kcal je Portion

ZUTATEN
- 800 g Sepien
- 1 große Zwiebel
- 2 Knoblauchzehen
- 1 Zweig Majoran
- 1 rote Paprikaschote (ca. 200 g)
- 1 EL Olivenöl
- ⅛ l trockener Weißwein
- Salz und Pfeffer
- 500 g tiefgekühlte Erbsen

WEINEMPFEHLUNG

Dazu passt am besten ein junger, trockener Weißwein mit blumigem Aroma wie Valcalepio bianco oder Grechetto di Todi

MENUVORSCHLAG
- Brotsalat (S. 20)
- Sepien und Erbsen (auf dieser Seite)
- Marinierte Zabaione (S. 114)

SEPIEN UND GEMÜSE VORBEREITEN

1 Die Sepien küchenfertig vorbereiten (das geht wie beim Kalmar, siehe Seite 32). Die Zwiebel schälen und in feine Streifen schneiden. Den Knoblauch schälen und in feine Scheiben teilen. Den Majoran waschen, trockentupfen und die Blättchen abzupfen. Die Paprika waschen, putzen und in Würfel schneiden.

ZWIEBEL UND KNOBLAUCH ANDÜNSTEN

2 In einem Topf 1 Esslöffel Olivenöl erhitzen. Die Zwiebel darin glasig werden lassen. Den Knoblauch dazugeben und kurz mitdünsten. Mit dem Weißwein ablöschen, mit Salz, Pfeffer und Majoran würzen.

SEPIEN UND GEMÜSE MITGAREN

3 Die Sepien und die Paprika zu der Zwiebel geben und alles bei schwacher Hitze 10 bis 15 Minuten zugedeckt köcheln lassen. Dann die Erbsen dazugeben und alles weitere 5 Minuten zugedeckt garen. Heiß servieren.

UNBEDINGT **VERSUCHEN!**

- Greifen Sie zu, wenn Sie frische Erbsen bekommen. Sie brauchen dann etwa 800 g. Die Erbsen aus den Schoten lösen und mit den Paprikawürfeln zu den Sepien geben.

Con-torni

»Beilagen haben in Italien eine andere Funktion als beispielsweise in Deutschland. Sie sollen nicht sättigen, sondern den Hauptgang lediglich begleiten.«

Aus diesem Grund versteht man unter Beilagen eigentlich nie Nudeln oder Reis, sondern Gemüse, das natürlich nicht nur als gedämpfte Kost mit etwas Kräutern auf den Tisch kommen muss, obwohl auch das durchaus seinen Reiz hat. Denken Sie nur an schmackhaften Fenchel, würzigen Mangold oder zarte Artischocken. Wenn es also einmal etwas Außergewöhnliches sein soll, versuchen Sie unbedingt die Rezepte dieses Kapitels, wie etwa die Schwarzwurzelpastete, die zu allen Wildgerichten köstlich schmeckt.

...das Essen begleiten

»Contorni sollen den Hauptgang begleiten und dürfen ihn keinesfalls dominieren.«

Ein bunter Gemüseteller, mit Fantasie zubereitet, ist für mich die Krönung einer Mahlzeit. Natürlich wird man contorni nie in rauen Mengen essen, aber ein Hauptgang ohne Beilagen wäre für mich wie eine Zabaione ohne Zucker. Nur wenn eine Hauptspeise nicht schmeckt, greift man bei den contorni kräftig zu. In der Regel sind sie aber eher schmückendes und ergänzendes Beiwerk und bestehen meist aus Gemüse oder Salat. Beides gedeiht in Italien aufgrund des warmen gemäßigten Klimas in Fülle.
Leider scheint man außerhalb Italiens zu glauben, die Vielfalt an Beilagen würde sich auf Erbsen, Möhren, Spinat und Kartoffeln beschränken.
Doch ebenso wie in anderen Ländern serviert man in Italien die Gemüsesorten, die gerade Saison haben und das ist auch genug. Wenn man dies beherzigt, gewinnt die Küche an Vielfalt und auch Raffinesse.
Man könnte einwenden, dass Tomaten oder Spargel zwischenzeitlich das ganze Jahr über erhältlich sind. Das mag wohl stimmen, aber das Aroma dieser von weit her importierten Waren ist nicht dasselbe und ihr Preis überteuert.

Was der Wochenmarkt bietet

Wenn ich persönlich meine Beilagen aussuche, schlendere ich über den Wochenmarkt und lasse mich von dem dortigen Angebot inspirieren.
In Italien gibt es eine Vielzahl an Gemüsesorten, die man früher in Deutschland nicht kannte, denken Sie nur an Zucchini oder Auberginen, die bei uns als contorni oder Vorspeise eine große Rolle spielen.
Zu den Beilagen, für die wir bekannt sind, zählen aber auch die Artischocken. Damit meine ich nicht die großen zähen Exemplare, sondern die kleinen aromatischen, die kaum Heu haben und von denen genrell wenig Abfall bleibt. Sie sind außen beinahe lila und innen gelb. Auf die klassische Art zubereitet, sind sie ein Gedicht und ich kenne keinen, der Artischocken verschmäht, die auf diese Weise zubereitet wurden.

Spargel – elegant und vielseitig

Spargel ist auch bei uns in Italien ein beliebtes Gemüse, das es nur im Frühjahr gibt. Entsprechend groß ist die Nachfrage, wenn er Saison hat. Wir kennen viele verschiedene Spargelgerichte. Man findet ihn auf einem Vorspeisenteller oder als Beilage zu Fleisch, aber auch in Nudel- oder Risottogerichten schmeckt dieses königliche Gemüse herrlich.
Woher der Spargel ursprünglich kommt, ist nicht eindeutig erforscht. Sicher ist nur, dass es wilden Spargel in meiner Heimat Italien schon seit vielen tausend Jahren gibt. Wenn Sie Zeit haben, wilden Spargel zu sammeln, sollten sie es tun, es ist eine Delikatesse und es gibt ihn auch in Deutschland. Kürzlich, ich war zu Hause in Italien, habe ich unter einem Kastanienbaum wilden Spargel entdeckt. Ich habe ihn gepflückt und wir haben ihn abends gegessen. Wilder Spargel ist grün, Sie dürfen ihn aber nicht mit der grünen Kulturform des Spargels verwechseln. Weil wilder Spargel etwa 20 cm aus der Erde ragt, sind seine Spitzen nicht grün, sondern vom Sonnenlicht zart lila gefärbt.

Eine Abart des wilden Spargels ist der Mönchsbart, barba di frate. Dieses Gemüse sieht aus wie eine Kreuzung aus Spargel, Schnittlauch und Gras. Man bekommt ihn in Deutschland in guten Feinkostgeschäften. Barba di frate ist ein herrliches Gemüse, das sich auf viele verschiedene Arten zubereiten lässt und zu vielen Speisen passt.
Darüber hinaus essen wir gerne Spinat, Mangold, Fenchel, gegrillte Auberginen und zahlreiche andere Gemüsesorten, die es bei uns in großer Vielfalt frisch gibt und die ich hier nicht alle aufzählen kann. Eine wunderbare Beilage, die ich gerne noch erwähnen möchte, ist gegrillter Salat. Das ist wirklich eine Delikatesse: Versuchen Sie unbedingt einmal gegrillten Radicchio, Chicorée oder Mangold und genießen Sie den leicht bitteren Nachgeschmack auf der Zunge.

Salat – Beilage oder Hauptgericht

Salat wird in Italien selten als Beilage gereicht, es sei denn, Sie essen ein Steak. In der Regel ist Salat ein Gang für sich. Ich persönlich liebe vor allem die etwas bitteren Salate wie Rucola, Rughetta, Radicchio, Chicorée, Insalatina al taglio (eine Art Feldsalat) und Schnittsalate. Sie alle sind besonders wandlungsfähig. Man kann sie frisch mit Essig und Öl essen, kochen oder grillen und als Gemüsebeilage servieren, oder unter Suppen und Pastasaucen mischen. Ihren ausgeprägten Geschmack erhalten sie von der mineralstoffreichen Erde, auf der sie wachsen.
Wenn ich an Salat denke, den ich nur als Salat, also frisch zubereite, denke ich sicher nicht an Eissalat, sondern außer den bereits genannten Sorten an Lollo rosso und an Puntarelle. Puntarelle erinnert entfernt an Frisée, ist aber wesentlich härter als dieser. Außerdem ist er nicht ganz billig, weil eher selten. In Rom sitzen die Frauen schon in aller Frühe am Markt und putzen die Puntarelle unter fließendem Wasser. Er wird mit dem Messer eingeschnitten und dann in Wasser gelegt, wobei die eingeschnittenen »Fransen« sich dann wie Locken drehen. Dazu reicht man eine würzige Sauce aus Sardellen und Knoblauch.
Natürlich gehören auch Radieschen, Frühlingszwiebeln, Tomaten, Gurken, Fenchel oder Möhren in einen frischen bunten Salat, der durchaus auch eine Mahlzeit für sich sein kann.

Gemüse statt Chips

Kennen Sie Pinzimonio? Das ist ein großer Teller mit Rohkost, wie Bleichsellerie, Zucchinistückchen, Fenchel, Radieschen, Möhren und Gurken. In die Mitte stellt man ein Schälchen mit Olivenöl, und je eines mit Salz und Pfeffer. Man taucht das Gemüse zuerst in Öl, dann in die Gewürze und knabbert drauflos. Eine herrliche Alternative zu Eis oder Chips.

Cipolline **in agrodolce**

Süßsaure junge Zwiebeln

- **aus ganz Italien**
- **gelingt leicht**

- **Für 4 Personen**
- **Zubereitungszeit: ca. 30 Minuten**
- **ca. 270 kcal je Portion**

ZUTATEN

- **750 g junge Zwiebeln oder frische Perlzwiebeln**
- **Salz**
- **50 g Butter**
- **2 EL Zucker**
- **60 ml Weißweinessig**
- **Pfeffer**

ZWIEBELN SCHÄLEN UND BLANCHIEREN

1 Zwiebeln oder Perlzwiebeln schälen und in kaltes Wasser legen. Reichlich Salzwasser zum Kochen bringen. Den Backofen auf 200 °C vorheizen. Die Zwiebeln in dem kochenden Salzwasser ca. 5 Minuten blanchieren, herausheben und abtropfen lassen.

ZWIEBELN KARAMELLISIEREN

2 In einem Topf die Butter zerlassen. Den Zucker dazugeben, hellgelb karamellisieren lassen und unter Rühren mit Essig ablöschen. Die Zwiebeln dazugeben und unterrühren, sie sollen von der Flüssigkeit umhüllt sein.

ZWIEBELN BACKEN

3 Die Zwiebeln in eine ofenfeste Form geben und zugedeckt im Backofen (Mitte) ca. 10 Minuten garen. Die Zwiebeln sind fertig, wenn sie eine schöne goldene Farbe haben.
(auf dem Teller: links)

MEIN TIPP!

- Die süßsauren Zwiebeln sind eine wohlschmeckende Beilage zu Bolliti misti (gemischtes gekochtes Fleisch: z.B. Rind- und Kalbfleisch, gepökelte Zunge, Huhn) oder zu dunklem Fleisch.

Fave con cicoria **e pancetta**

Dicke Bohnen mit Mangold und Speck

Bohnen und Mangold blanchieren

1 Die dicken Bohnen aus den Schoten lösen. Den Mangold waschen, putzen und die Blätter grob zerpflücken. Reichlich Salzwasser erhitzen. Die Bohnenkerne darin ca. 5 Minuten blanchieren, herausheben und abtropfen lassen. Dann den Mangold in dem kochenden Wasser ca. 3 Minuten blanchieren.

Speck anbraten, Gemüse mitgaren

2 Den Pancetta in Würfel schneiden. Die Tomaten waschen, vierteln, entkernen und würfeln. Den Pancetta im Öl bei mittlerer Hitze anbraten. Das Öl abgießen und die Tomatenwürfel sowie das Gemüse dazugeben. Mit Salz und Pfeffer würzen. Alles zugedeckt ca. 10 Minuten köcheln lassen, dann noch 5 Minuten offen ziehen lassen, dabei gelegentlich umrühren.
(auf dem Teller: rechts)

- **aus dem Latium**
- **deftig**

- **Für 4 Personen**
- **Zubereitungszeit: ca. 40 Minuten**
- **ca. 670 kcal je Portion**

Zutaten

- **2 kg frische dicke Bohnen (in der Schote)**
- **300 g Mangold**
- **Salz**
- **100 g Pancetta tesa (luftgetrockneter Bauchspeck; am Stück)**
- **2 Eiertomaten (am besten San Marzano)**
- **1 EL Olivenöl**
- **Pfeffer**

Radicchio e indivia alla griglia

Gegrillter Radicchio und Chicorée

- **aus dem Trentino**
- **schnell**

- **Für 4 Personen**
- **Zubereitungszeit: ca. 15 Minuten**
- **ca. 120 kcal je Portion**

ZUTATEN
- **1 Kopf Radicchio (am besten Trevisano)**
- **2 Köpfe Chicorée**
- **Salz und Pfeffer**
- **3–5 EL Olivenöl**

SALATE VORBEREITEN

1 Den Radicchio putzen, waschen und vierteln, dabei den Strunk nicht entfernen, sonst fallen die Blätter auseinander. Den Chicorée waschen, die äußeren Blätter entfernen, die Stauden der Länge nach halbieren.

SALATE GRILLEN

2 Den Grill auf mittlerer Stufe vorheizen. Radicchio und Chicorée mit Salz und Pfeffer würzen und mit dem Olivenöl beträufeln. Mit den Schnittstellen nach oben auf einen Rost legen und unter dem Grill ca. 3 Minuten pro Seite grillen. Passt gut zu Fleisch und Fisch.

UNBEDINGT **VERSUCHEN!**

- Sie können das Gemüse auch »brasieren«, d. h. in Flüssigkeit garen. Dafür den Backofen auf 200 °C vorheizen. Das Gemüse wie im Rezept beschrieben vorbereiten. 100 ml Weißwein mit 5 Esslöffeln Olivenöl mischen, mit Salz und Pfeffer würzen. Das Gemüse in eine ofenfeste Form geben, mit der Flüssigkeit übergießen und im Backofen (Mitte) ca. 15 Minuten garen, bis das Gemüse Farbe bekommt. Mit Rosmarinnadeln bestreuen.

Sformato **di scorzonera**

Schwarzwurzelpastete

- **aus dem Piemont**
- **für Gäste**

- **Für 6 Personen**
- **Zubereitungszeit: ca. 1 Stunde**
- **ca. 330 kcal je Portion**

ZUTATEN
- **3/4 l Hühnerbrühe**
- **120 g Butter**
- **50 g Mehl**
- **1 Zitrone**
- **60 ml Weißweinessig**
- **1 kg Schwarzwurzeln**
- **Salz**
- **100 g Parmigiano Reggiano (italienischer Hartkäse)**
- **3 Eier**
- **Muskatnuss**
- **Salz und Pfeffer**
- **2 EL Semmelbrösel**

VELOUTÉ ZUBEREITEN, SCHWARZWURZELN GAREN

1 Die Hühnerbrühe erhitzen. 50 g Butter zerlassen, das Mehl darin hellgelb anschwitzen. Die heiße Hühnerbrühe unterrühren und alles ca. 20 Minuten bei schwacher Hitze köcheln lassen.

2 Die Zitrone auspressen, den Saft in einer Schüssel mit 1/2 l Wasser und dem Essig mischen. Die Schwarzwurzeln unter fließendem Wasser schälen, dann in das Zitronen-Essig-Wasser legen, damit sie nicht schwarz werden. Die Schwarzwurzeln salzen und in dem Zitronen-Essig-Wasser in ca. 20 Minuten weich garen. Dann die Schwarzwurzeln abgießen und im Mixer fein pürieren.

SCHWARZWURZELPASTETE GAREN

3 Das Schwarzwurzelpüree mit der Hühnervelouté mischen, dann 50 g Butter unterrühren. Die Masse etwas abkühlen lassen. Den Parmiggiano fein reiben. Mit den Eiern unter die Schwarzwurzelmasse rühren. Mit Muskatnuss, Salz und Pfeffer würzen.

4 Eine Keramikform von ca. 2 l Inhalt mit der restlichen Butter ausstreichen und mit Semmelbröseln ausstreuen. Die Schwarzwurzelmasse in die Form füllen. Eine zweite ofenfeste Form mit so viel Wasser füllen, dass die Keramikform ca. 2 cm hoch darin steht. Die Schwarzwurzelpastete im Backofen (Mitte) ca. 30 Minuten garen. Die fertige Pastete auf eine Platte stürzen.

MEIN TIPP!

- Die Schwarzwurzelpastete passt besonders gut zu Wildgerichten, wie z. B. zu Hirschgulasch (Rezept Seite 84).

Pasticcio **di patate e zucchine**

Kartoffel-Zucchini-Auflauf

GEMÜSE VORBEREITEN, IN MILCH KOCHEN

1 Die Kartoffeln waschen, schälen, in feine Scheiben schneiden und trockentupfen. Die Zucchini waschen, putzen und in Scheiben schneiden. Den Knoblauch schälen. Den Ofen auf 180 °C vorheizen.

2 Die Milch zum Kochen bringen, den Knoblauch hineinpressen. Kartoffeln und Zucchini dazugeben und alles ca. 2 Minuten köcheln lassen. In eine Pfanne geben, mit der Sahne verfeinern, würzen und ohne Hitze zugedeckt ca. 5 Minuten ziehen lassen.

AUFLAUF GAREN

3 Eine Auflaufform mit etwas Butter ausstreichen, die Kartoffel-Zucchini-Mischung hineingeben und mit dem Parmesan bestreuen. Mit der restlichen Butter in Flöckchen belegen und mindestens 30 Minuten backen. Passt zu Saltimbocca (Seite 78).

- **aus den Abruzzen**
- **gelingt leicht**

- **Für 4 Personen**
- **Zubereitungszeit: ca. 1 Stunde**
- **ca. 340 kcal je Portion**

ZUTATEN

- **600 g Kartoffeln**
- **200 g Zucchini**
- **2 Knoblauchzehen**
- **1/4 l Milch**
- **100 g Sahne**
- **Salz und Pfeffer**
- **4 EL Butter**
- **1 EL geriebener Parmesan**

Dolci

»Sie sind der krönende Abschluss
eines perfekten Menüs und
wie das Tüpfelchen auf dem i:
ein Muss!«

Ohne Dolce zum Abschluss ist ein Menü in Italien nicht denkbar. Dabei kann das Dessert auch einfach nur aus einem Stück Obst bestehen, was unter der Woche eher die Regel ist. An Sonn- und Feiertagen aber darf geschlemmt werden und dann kann der Nachtisch nicht üppig genug sein. Lassen Sie sich von den kunstvollen Dessert-Rezepten dieses Kapitels verführen und schwelgen Sie in Baba mit Maronen, glasierten Pfirsichen oder Zuccotto.

...ein **Abschluss** wie ein **Paukenschlag**

»Ein Dessert zum Abschluss eines gelungenen Menüs ist die Krönung und bei bestimmten Anlässen ein absolutes Muss.«

Unter der Woche begnügt man sich häufig mit einem Stück frischem Obst, aber auch dies kann ein unvergesslicher Genuss sein: Haben Sie schon einmal eine Orange gegessen, die reif vom Baum gepflückt wurde? In Italien gedeihen viele Früchte, die man in Nordeuropa nicht anbauen kann. Und was reif und frisch im eigenen Land geerntet wird, hat ein viel intensiveres Aroma als importierte Ware. Obst spielt neben den reichhaltigen Zucker-Desserts eine große Rolle bei den italienischen Nachspeisen. Ein bunter Obstteller mit verschiedenen Früchten der Saison ist schön anzusehen und an heißen Tagen herrlich erfrischend. Ich ziehe das einem Eis- oder Cremedessert vor. Das heißt nicht, dass ich die raffinierten Dessertkreationen der italienischen Küche nicht schätze, im Gegenteil. Aber letztlich sind sie doch eher besonderen Anlässen vorbehalten. Was man jedoch täglich essen kann, sind frische Früchte der Saison – eine Erdbeere, eine Banane, eine Melone oder eine Kiwi hat man immer zu Hause. Ob man sie nun alleine isst oder als Fruchtsalat, bleibt jedem selbst überlassen.

Sizilien – Schlaraffenland lässt grüßen

Sizilien ist die Mutter der Desserts, denn hier nahm die Kunst der Patisserie und der Zubereitung von Süßspeisen ihren Anfang, nachdem die Sarazenen dort exotische Süßigkeiten eingeführt hatten. Sizilien war aufgrund seiner Lage dem Orient am nächsten. Aus Nordafrika kamen Datteln, Feigen und Kaktusfeigen, aus Südamerika das Zuckerrohr. Hier stellte man schon früh Marzipan her, denn man verfügte über die notwendigen Zutaten: Mandeln, Orangen, Orangen- oder Rosenblütenwasser kommen von dort. Und wir verdanken den Sizilianern das Geheimnis der Konservierung von Süßigkeiten.

Kaktusfeigen – stachelige Schale, weicher Kern

Kaktusfeigen geben sich – wie manche Menschen – äußerlich zwar ziemlich abweisend, haben aber ein zart schmelzendes Fruchtfleisch, das herrlich schmeckt. Ich liebe Kaktusfeigen und »jage« sie gerne selbst. Dafür bewaffne ich mich mit einem langen Bambusstock, an dessen Ende ich eine leere Getränkedose binde, die oben offen ist. So ausgerüstet ziehe ich los. Die Früchte der Kakteen sitzen außen, sodass ich sie mit dem Stock leicht erreiche. Ich stülpe die Dose über die Früchte, ziehe den Stock zu mir her und die Frucht bleibt in der Dose hängen. Wichtig ist, dass man bei dieser Arbeit eine Schutzbrille und eine Schildmütze trägt, denn wenn einem ein Stachel ins Auge fällt, was durchaus passieren kann, hat das verheerende Folgen. Auch anfassen sollten Sie die Früchte nur mit Handschuhen. Vor der Zubereitung können Sie sie etwa 2 Stunden einweichen, dann verlieren sie die Stacheln.

Wer selbst Kaktusfrüchte ernten möchte, sollte sich auch vor Schlangen in Acht nehmen, denn der Biss der Vipern, die es bei uns gibt, ist giftig.

Pasticceria – süßes Sündenbabel

In Italien wie in keinem anderen Land findet man in den Pasticcerie eine verführerische Vielfalt an kleinen Kuchen, mignonette, die mit großer Kunstfertigkeit zubereitet sind. Sie schmecken nicht nur gut, sondern sind auch eine absolute Augenweide. Viele dieser Läden haben, ebenso wie die Bäckereien, auch am Sonntag geöffnet. Was nicht bedeutet, dass die herrlichen Kuchen nur an Sonntagen gekauft werden, nein. In italienischen Familien wird eigentlich selten gebacken. Man geht in die Pasticceria und kauft sich dort seine Baba, seine Panforte oder andere Spezialtäten. Allerdings nicht täglich.

Diplomatico – Wolf im Schafspelz

Diese Spezialität stammt aus Rom und ist in jedem Fall eine Sünde wert: Zwischen zwei ziemlich dicke Biskuitscheiben wird Marmelade gestrichen und mit Likör getränkt. Bedeckt wird das Ganze von einer Lage Blätterteig, die üppig mit Puderzucker bestreut wird, sodass man es nicht leugnen kann, wenn man einen Diplomatico gegessen hat. Am besten genießt man ihn im Freien ...! Aber er schmeckt köstlich.

Caffè Cornetto – Start in den Tag

Süßes wird bei uns bereits zum Frühstück gegessen, denn ein Frühstück, wie man es in Deutschland kennt, gibt es in Italien nicht. Die meisten Italiener verlassen das Haus nüchtern und trinken in der nächsten Espressobar einen Cappuccino oder einen Espresso, manchmal essen sie dazu ein cornetto, das ist ein süßes Hörnchen.

Das kann ein cornetto oder ein maritozzo con panna sein, ein Hörnchen aus einem besonderen Hefeteig, der aufgeschnitten und mit geschlagener Sahne gefüllt wird. Obwohl wir Italiener beim Gedanken an ein Frühstück mit Marmelade, Wurst oder Käse die Nase rümpfen, ein cornetto oder ein maritozzo con panna ist uns nicht zu üppig. Selbst ein mit Zabaione gefülltes Beignet können wir spielend verdrücken, wenn uns danach ist.

Nicht jeden Tag kann Sonntag sein!

Am Sonntag, wenn die Mutter – oder wer auch immer kocht – viel Zeit hat, dann kommen so herrliche Speisen wie Ravioli, Cannelloni, Lasagne oder Gnocchi, Gerichte die viel Zeit brauchen, auf den Tisch. Und dann gibt es natürlich auch ein üppiges Dessert wie Zuccotto oder Tiramisù. Man kommt aus der Kirche zurück, setzt sich an den Tisch und genießt bis in die Nachmittagsstunden!

Käse schließt den Magen

Käse hat in der Küche Italiens eine große Bedeutung. Zum einen sind die Frischkäsesorten zu nennen, die unter anderem auch für die Zubereitung von Desserts verwendet werden wie Ricotta und Mascarpone. Aber auch zum Abschluss, nachdem man das Dessert gegessen, sein Tässchen Espresso genossen und vielleicht noch das eine oder andere Schnäpschen zur besseren Verdauung getrunken hat, kommt oft noch Käse mit etwas Brot auf den Tisch. Allerdings nur, wenn man lange und gemütlich bei Tisch sitzt, also nicht unbedingt unter der Woche. Ich persönlich bevorzuge Gorgonzola und Pecorino, aber die Wahl des Käses ist reine Geschmackssache und hängt natürlich nicht zuletzt auch davon ab, welcher Käse in der jeweiligen Region angeboten wird.

Pecorino – Schafskäse mit Biss

Pecorino ist ein Schafskäse, der eigentlich überall in Italien nach dem gleichen Verfahren hergestellt wird. Nur in Latium darf Pecorino romano produziert werden, in anderen Regionen führt er die Bezeichnung Pecorini tipo romano. Pecorino romano reift etwa 8 Monate und ist an seiner schwarzen Rinde zu erkennen.

Trockenes Gebäck – kein bisschen trocken

Die trockene Patisserie hat in Italien auch ihre Tradition, aber man bekommt nicht, wie in Deutschland, um 16 Uhr Kaffee und Kekse. Wenn man in Italien einen – aber wirklich nur einen – Keks zum Kaffee reicht, dann amaretti. Cantucci, eine Spezialität aus der Toskana, sind feine, aber sehr harte Mandelkekse, die nach alter Tradition gebacken werden. Sie werden zusammen mit Vin santo als Dessert gegessen. Dafür taucht man die harten Kekse in den Wein und genießt: nicht ganz ungefährlich!

Die Welt des Kaffees

Kaffee gehört zu Italien wie die Nudel. Für eine Tasse Cappuccino, einen kleinen Espresso oder einen Mokka ist immer Zeit.

Mokka oder Macchinetta wird in einem Metallgefäß gemacht, das aus drei Teilen besteht: in die untere Hälfte füllt man Wasser, in den Mittelteil mit Filter gibt man das Kaffeepulver, dann wird das Ganze mit einem Oberteil verschlossen. Dieses Gerät stellt man auf den Herd und erhitzt das Wasser. Es steigt durch den Filter über eine Metallröhre in den oberen Behälter. Der Kaffee bleibt dort und wird so auch warm gehalten.

Espresso ist, wie der Name schon sagt, ein schneller Kaffee. Er muss unter Druck in einer speziellen Maschine gemacht werden, wodurch die für ihn typische Crema entsteht. Ein Espresso ohne Crema ist kein echter Espresso!

Für einen kleinen Espresso oder einen Mokka ist immer Zeit

Ich trinke gerne Espresso al vetro, das ist eine besonders kleine Portion Espresso, nur ein Fingerhut voll. Und eigentlich genügt diese Menge an Koffein, um munter zu bleiben.
Cappuccino wird vor allem zum Frühstück getrunken. Echter Cappuccino ist ein mit Milch verlängerter Espresso mit einer schönen Haube aus aufgeschäumter Milch. Übrigens: Die in Deutschland üblichen Sahnehauben haben auf einem Cappuccino wirklich nichts verloren.

Passt Wein zum Dessert?

Wein und Dessert sind ein Kapitel für sich. Ob man zum Dessert einen Wein trinken soll oder ob man lieber darauf verzichtet, ist reine Geschmackssache. Ich persönlich bin der Meinung, dass Wein zum Dessert nicht unbedingt sein muss. Dennoch habe ich Ihnen hier ein paar Weine und Spumanti zusammengestellt, die ganz hervorragend zu Süßspeisen passen.
Zu trockener Patisserie, zu Petit fours, bzw. zu Backwaren allgemein passt Moscato di Pantelleria (ein Rotwein) oder Vin santo toscano. Zu süßen Cremedesserts hingegen würde ich einen Lambrusco Reggiano DOC Varietà amabile (Rotwein) empfehlen.
Recioto und Amarone della Valpolicella harmonieren mit Trockenobst, Nüssen, Pandoro, Panettone, Charlotte mit Obst, Savarin, Mürbteiggebäck und Petit fours.
Der Picolit del Friuli ist meiner Meinung nach der beste der Dessertweine: er hat ein feines Blumenbouquet und ist dennoch trocken, einfach superbo! Dieser Wein ist ein Allround-Talent und passt zu allen Desserts von Käse über Süßes bis hinzu Obst.
Für zarte Desserts auf Sahnebasis empfehle ich diverse Spumanti, die nicht zwingend ganz trocken sein müssen: etwa einen Ferrari, einen Ca' del Bosco oder einen Carpene Malvolti.

Arance e lamponi **con zabaione all'arancia**

Marinierte Zabaione auf frischen Orangen und Himbeeren

- aus Sizilien
- für Gäste

- Für 4 Personen
- Zubereitungszeit: ca. 50 Minuten
- ca. 280 kcal pro Portion

ZUTATEN
- 6 große Orangen
- 200 g Himbeeren
- 4 Eigelbe
- 3 EL Zucker
- 1 EL Aurum (Orangenlikör)

MENÜVORSCHLAG
- Parmaschinkenröllchen (S. 30)
- Ricotta-Ravioli (S. 58)
- Saltimbocca (S. 78) mit Kartoffel-Zucchini-Auflauf (S. 107)
- Marinierte Zabaione (auf dieser Seite)

OBST VORBEREITEN

1 Zunächst 4 Orangen sorgfältig schälen, die Filets mit einem scharfen Messer aus den Häuten lösen. Die Himbeeren, falls nötig, kurz unter fließendem Wasser abbrausen, verlesen und putzen. Orangenfilets und Beeren auf vier (eventuell ofenfesten; siehe Punkt 3) Desserttellern arrangieren und kalt stellen.

ZABAIONE ZUBEREITEN

2 Die restlichen Orangen auspressen. Eigelbe, Zucker, Aurum und Orangensaft in eine große Schüssel geben. In einen kleinen Topf etwa 3 cm hoch Wasser füllen und erhitzen. Sobald das Wasser zu kochen beginnt, Hitze reduzieren und die Schüssel auf den Topf stellen. Die Eimasse mit einem Schneebesen schaumig aufschlagen. Die Zabaione ist fertig, wenn die Masse steif und fest ist, das dauert ca. 15 Minuten.

OBST UND ZABAIONE ANRICHTEN

3 Die Zabaione über die Früchte geben und das Dessert nach Belieben mit Puderzucker bestäuben oder in einer ofenfesten Form unter dem heißen Grill oder im Backofen (oben) bei 270 °C gratinieren und dann servieren.

SCHON GEWUSST?

Wer die Zabaione (oder Zabaglione) erfunden hat und wann das war, ist bis heute nicht eindeutig geklärt. Es ranken sich zahlreiche Geschichten um ihre Entstehung. So soll sich ihr Name vom lateinischen »sabaia« ableiten, einem bierähnlichen Getränk. Doch ist in den überlieferten Rezepten keine Spur von Bier zu finden, auch wenn das Aussehen der geschlagenen Masse entfernt daran erinnern könnte.
Eine andere Theorie besagt, dass wir dem Franziskanermönch Pasquale di Baylon (um 1500) das berühmte Rezept verdanken. Er wurde heilig gesprochen und das Dessert trägt in Erinnerung an ihn seinen Namen: »San Baylon« wurde zu »Zabaione«. Für die klassische Zabaione werden 80 g Zucker, 80 ml Marsala secco und 4 Eigelbe über dem Wasserbad wie im Rezept beschrieben schaumig gerührt und sofort serviert.

La mousse **di panna cotta**

Sahnemousse

- Spezialität von Sante
- gelingt leicht

- Für 6 Personen
- Zubereitungszeit: ca. 20 Minuten
- Kühlzeit: 6 Stunden
- ca. 750 kcal je Portion

ZUTATEN
- 2 Vanilleschoten
- 1 kg Sahne
- 300 g Zucker
- 2 Zimtstangen
- 100 ml Alchermes oder Maraschino
- 5 Blatt Gelatine

SAHNEMISCHUNG ERHITZEN

1 Die Vanilleschoten aufschneiden und das Mark herauskratzen. Die Hälfte der Sahne mit den Vanilleschoten und dem -mark, Zucker, Zimt, Alchermes oder Maraschino zum Kochen bringen. Die Gelatine in kaltem Wasser einweichen.

MOUSSE ZUBEREITEN

2 Die Sahnemischung vom Herd nehmen, Zimt- und Vanillestangen entfernen. Die Gelatine ausdrücken, in der Sahne auflösen. Die Mischung unter Rühren etwas abkühlen lassen. Dann ca. 1 Stunde kalt stellen.

SAHNE UNTERHEBEN, KÜHL STELLEN

3 Den Rest der Sahne steif schlagen, unter die Panna cotta heben. Evtl. in kleine Förmchen füllen und ca. 5 Stunden kalt stellen. Dazu passt Fruchtsauce.

Il Tiramisú

Tiramisu

- **aus Sizilien**
- **braucht etwas Zeit**

- **Für 4 Personen**
- **Zubereitungszeit: ca. 1 Stunde**
- **Kühlzeit: ca. 2 Stunden**
- **ca. 1000 kcal pro Portion**

ZUTATEN
- **6 Eigelbe**
- **300 g Zucker**
- **400 g Mascarpone**
- **4 cl Amaretto oder Maraschino**
- **20 Savoiardi (italienische Löffelbiskuits, ersatzweise deutsche Löffelbiskuits)**
- **200 ml Espresso**
- **30 g Kakaopulver**

MENÜVORSCHLAG
- **Gefüllte Kalamare und Muscheln (S. 32)**
- **Pizza Margherita (S.40)**
- **Tiramisú (auf dieser Seite)**

EIGELBCREME ZUBEREITEN

1 Die Eigelbe mit dem Zucker im warmen Wasserbad schaumig schlagen. Wenn sich das Volumen der Eigelbmasse verdoppelt hat, den Mascarpone und den Likör nach und nach unterrühren.

TIRAMISU EINSCHICHTEN

2 Die Savoiardi nur kurz (ca. 1 Sekunde) in den Espresso tauchen und eine Schicht davon in eine große, flache Keramikform legen.

3 Die Biskuits mit der Hälfte der Mascarponecreme bedecken, darauf wieder eine Schicht Savoiardi legen. Das Ganze mit der restlichen Mascarponecreme bedecken und großzügig mit Kakaopulver bestäuben.

TIRAMISU KÜHL STELLEN

4 Das Tiramisu ca. 2 Stunden im Kühlschrank durchkühlen lassen und innerhalb von 12 Stunden essen.

SCHON GEWUSST?

- Für das Tiramisu nur ganz frische Eier, möglichst aus Freilandhaltung, verwenden. Das reduziert die Gefahr einer Salmonelleninfektion. Aus den Eiweißen können Sie Makronen oder Meringuen backen oder einen Eiweißguss für einen Obstkuchen herstellen. In einem sauberen Glas und gut verschlossen halten sich die Eiweiße 1 bis 2 Tage.

Babá alle castagne

Baba mit Maronen

- **aus Neapel**
- **etwas aufwendiger**

- **Für 20 Stück**
- **Zubereitungszeit: ca. 1 ½ Stunden**
- **Ruhezeit: ca. 1 ¼ Stunden**
- **Marinierzeit: ca. 6 ½ Stunden**
- **ca. 530 kcal pro Portion**

Für die Babas

- **120 g Butter**
- **½ Würfel frische Hefe (21 g)**
- **4 EL lauwarme Milch**
- **5 Eier**
- **350 g Mehl**
- **30 g Honig**
- **1 Prise Salz**
- **abgeriebene Schale von 1 unbehandelten Zitrone**
- **Butter und Mehl für die Förmchen**

Zum Marinieren

- **400 g Zucker**
- **¾ l Rum**
- **abgeriebene Schale von 1 unbehandelten Zitrone**

Ausserdem

- **70 g Aprikosengelee**
- **500 g geschälte, gekochte Maronen aus der Dose**
- **1 kg Sahne**
- **4–5 EL Rum**
- **20 Marrons glacés (glasierte Maronen, Fertigprodukt)**
- **40 g Kakaopulver oder feiner Zucker**

Hefeteig zubereiten, gehen lassen

1 Die Butter in einem kleinen Topf bei schwacher Hitze zerlassen. Die Hefe in der Milch auflösen. 3 Eier trennen. Mehl, geschmolzene Butter, aufgelöste Hefe, 2 Eier, 3 Eigelbe, Honig, Salz und abgeriebene Zitronenschale mit den Knethaken des Handrührgerätes zu einem elastischen Teig verkneten. Den Teig zugedeckt an einem warmen Ort ca. 45 Minuten stehen lassen, bis er sein Volumen etwa verdoppelt hat.

Förmchen vorbereiten, Babas backen

2 Nun 20 zylindrische Förmchen (5 cm Ø) mit Butter ausstreichen und mit Mehl ausstreuen. Den Teig auf einem Holzbrett kurz durchkneten und in 20 gleich große Stücke teilen. Die Teigstücke zu Kugeln formen und in Förmchen geben. Die Förmchen zudecken und den Teig an einem warmen Ort ca. 30 Minuten gehen lassen, bis die Förmchen voll sind.

3 Den Backofen auf 180 °C vorheizen. Die Babas im Backofen (Mitte) ca. 25 Minuten backen. Inzwischen 1 l Wasser mit dem Zucker, ¾ l Rum und der Zitronenschale mischen und aufkochen lassen, dann beiseite stellen.

Babas tränken

4 Die fertigen Babas aus dem Backofen nehmen, kurz in der Form ruhen lassen, dann stürzen und noch heiß für ca. 10 Minuten in dem warmen Zucker-Rum-Sirup tränken. Die Babas mit einem Schaumlöffel aus dem Sirup heben und auf einem Gitter abtropfen und abkühlen lassen. Inzwischen das Aprikosengelee erwärmen. Die Babas damit bestreichen, dann abkühlen lassen. Die Babas zugedeckt ca. 6 Stunden durchziehen lassen.

Maronensahne zubereiten, Babas servieren

5 Kurz vor dem Servieren die Maronen durch eine Kartoffelpresse drücken. Die Sahne steif schlagen, mit den durchgedrückten Maronen und dem Rum vermengen. Die Babas mit den restlichen Maronen auf einer Platte anrichten, mit der Maroni-Sahne servieren und mit Kakaopulver oder Zucker bestäuben.

Losanghe fritte **di riso dolce all'Amaretto**

Frittierte Reisrauten

- **aus der Toskana**
- **gelingt leicht**

- **Für 4 Personen**
- **Zubereitungszeit: ca. 1 1/2 Stunden**
- **ca. 1330 kcal pro Portion**

ZUTATEN
- **200 g Rundkornreis**
- **1 Prise Salz**
- **7 Eier**
- **150 g Zucker**
- **60 g Speisestärke**
- **200 g Sahne**
- **ca 3/4 l Sonnenblumenöl**
- **200 g Amaretti**
- **100 g Mehl**
- **30 g Puderzucker**
- **1 Prise Zimt**

MENÜVORSCHLAG
- **Vorspeisenvariation von Crostini und Bruschetta (S. 24)**
- **Bandnudeln mit Venusmuscheln (S. 54)**
- **Gefüllte Seeteufelschnitten (S. 92)**
- **Frittierte Reisrauten (auf dieser Seite)**

REISBREI ZUBEREITEN, ERKALTEN LASSEN

1 Den Reis mit 1/2 l kaltem Wasser und Salz in einen kleinen Topf geben und langsam zum Kochen bringen. So lange offen quellen lassen, bis das gesamte Wasser vom Reis aufgesaugt ist, das dauert ca. 20 Minuten.

2 Danach 4 Eier trennen. Die Eigelbe mit Zucker, Speisestärke und Sahne verrühren. Den Reis von der Kochstelle nehmen und die Eiermischung hineinrühren. Dann die Mischung bei schwacher Hitze unter Rühren kochen lassen, bis ein fester Brei entstanden ist.

3 Eine quadratische Platte mit Sonnenblumenöl bestreichen. Die Reismasse ca. 2 cm hoch darauf streichen und abkühlen lassen. Inzwischen die Amaretti fein zerkrümeln oder reiben.

REISRAUTEN PANIEREN, AUSBACKEN UND ANRICHTEN

4 Die erkaltete Reismasse in ca. 5 cm große Rauten schneiden. Die übrigen Eier mit den 4 Eiweißen schaumig schlagen. Die Reisrauten zuerst in Mehl, dann in Ei und zuletzt in den Amarettibröseln wenden. Das Sonnenblumenöl in einer Fritteuse erhitzen. Die Reisrauten darin bei mittlerer Hitze goldgelb frittieren, herausheben, auf Küchenkrepp kurz abtropfen lassen, mit Puderzucker und Zimt bestäuben und heiß servieren.
(auf dem rechten Teller)

Crostoni di pane con frutta primitiva

Frittierte Brotscheiben mit Früchten

NÜSSE UND FRÜCHTE ZERKLEINERN

1 Die Feigen schälen und vierteln. Die Kaktusfeigen schälen und würfeln. Die Trauben halbieren und entkernen.

BROT PANIEREN, BRATEN

2 Die Eier schaumig schlagen. Die Brotscheiben in Mehl, dann in den Eiern wenden. Die Brote bei schwacher Hitze auf beiden Seiten braten und beiseite stellen.

NÜSSE UND FRÜCHTE IN BUTTER SCHWENKEN, DESSERT ANRICHTEN

3 Die Butter in einem Topf zerlassen. Früchte und Nüsse darin nur kurz schwenken. Die Frucht-Nuss-Mischung auf vier Tellern anrichten, die panierten Brote dazu legen. Das Eis auf den Früchten verteilen, evtl. mit Puderzucker bestäuben.
(auf dem linken Teller)

- **Spezialität von Sante**
- **raffiniert**

- **Für 4 Personen**
- **Zubereitungszeit: ca. 30 Minuten**
- **ca. 770 kcal pro Portion**

ZUTATEN

- **4 Feigen**
- **4 Kaktusfeigen**
- **300 g blaue Trauben**
- **2 Eier**
- **50 g Mehl**
- **4 Ciabattascheiben**
- **50 ml Sonnenblumenöl**
- **3 EL Butter**
- **100 g geschälte Nüsse (grob gehackt)**
- **500 g Zabaione-Eis**
- **evtl. Puderzucker zum Bestäuben**

Pesche glassate **al vino rosso**

Glasierte Pfirsiche in Rotwein

- **Spezialität von Sante**
- **für Gäste**

- **Für 4 Personen**
- **Zubereitungszeit: ca. 50 Minuten**
- **ca. 350 kcal pro Portion**

ZUTATEN
- **100 g frische Waldbeeren (z. B. Preiselbeeren)**
- **6 kleine frische Pfirsiche**
- **3 EL Zucker**
- **1/4 l Rotwein**
- **3 EL Butter**
- **70 g Pinienkerne**
- **1 Zimtstange**
- **1 EL Honig**

MENÜVORSCHLAG
- **Herzhafte Crostini-Varianten (S. 26)**
- **Gemüsesuppe (S. 48)**
- **Saltimbocca (S. 78)**
- **Glasierte Pfirsiche (auf dieser Seite)**

PFIRSICHE BACKEN

1 Die Waldbeeren kurz abbrausen, verlesen und putzen. Den Backofen auf 200 °C vorheizen. Die Pfirsiche waschen, halbieren und die Steine entfernen. Die Pfirsichhälften mit der Schnittfläche nach oben auf ein Backblech legen, mit dem Zucker bestreuen und die Hälfte der Waldbeeren darauf verteilen. Den Rotwein darüber gießen und die Pfirsiche im Ofen (Mitte) ca. 30 Minuten backen.

ROTWEINSAUCE ZUBEREITEN

2 Die Butter in einer Pfanne erhitzen. Die Pinienkerne darin kurz schwenken und beiseite stellen. Die Pfirsiche aus dem Backofen nehmen und abtropfen lassen, den Saft dabei auffangen. Diesen Saft und die Flüssigkeit vom Backblech in einen kleinen Topf füllen, mit Zimtstange und Honig erhitzen und auf die Hälfte einkochen lassen.

DESSERT ANRICHTEN

3 Die reduzierte Rotweinsauce durch ein Spitzsieb passieren. Die Pfirsiche auf einer Platte anrichten, mit der Rotweinsauce begießen, mit den Pinienkernen bestreuen und mit den restlichen Waldbeeren garnieren. Die Pfirsiche lauwarm oder kalt servieren.

UNBEDINGT **VERSUCHEN!**

- Versuchen Sie dieses Dessert auch einmal mit frischen Birnen. Nach Belieben können Sie dann statt der Pinienkerne Walnüsse nehmen, die Sie grob hacken.

Cassata **alla napoletana**

Neapolitanisches Halbgefrorenes

- **aus Neapel**
- **raffiniert**

- **Für 6 – 8 Personen**
- **Zubereitungszeit: ca. 1 ½ Stunden**
- **Kühlzeit: ca. 2 Tage**
- **ca. 440 kcal pro Portion**

ZUTATEN
- **500 g Vanilleeis (Fertigprodukt)**
- **500 g Pistazieneis (Fertigprodukt)**
- **200 g kandierte Früchte**
- **4 frische Eier**
- **200 g Zucker**
- **250 g Sahne**

MENÜVORSCHLAG
- **Vorspeise von Austern und Venusmuscheln (S. 34)**
- **Zitronen-Tagliolini (S. 56)**
- **Steinbutt mit Rucola (S. 94)**
- Cassata (auf dieser Seite)

FORM KÜHLEN, MIT EIS AUSKLEIDEN

1 Ca. 5 Stunden bevor Sie mit der Zubereitung beginnen, eine dreieckige Form von ca. 2 l Inhalt ins Tiefkühlfach stellen.

2 Das Vanilleeis aus dem Tiefkühlgerät nehmen und antauen lassen. Die Form damit auskleiden und ins Tiefkühlgerät stellen (siehe unten). Wenn das Vanilleeis hart geworden ist (nach ca. 30 Minuten), dasselbe mit dem Pistazieneis wiederholen (siehe unten) und die Form ins Tiefkühlgerät stellen.

EIERCREME RÜHREN, ZUCKERSIRUP HERSTELLEN

3 Die kandierten Früchte würfeln. Die Eier trennen. Die Eigelbe mit 50 g Zucker cremig aufschlagen. In einem Kupfertopf den restlichen Zucker mit 6 Esslöffeln Wasser ca. 6 Minuten kochen lassen, dabei öfters mit einem Schaumlöffel abschöpfen. Sobald er Farbe bekommt, den Sirup vom Herd nehmen. Die Eimasse nach und nach darunter rühren. So lange weiterrühren, bis die Masse abgekühlt ist.

EIER-FRUCHT-CREME EINFÜLLEN, TIEFKÜHLEN

4 Die Sahne steif schlagen. Die Zucker-Ei-Masse, die Sahne und die Früchte in einer Schüssel vorsichtig vermengen. Die Eimasse auf das Pistazieneis füllen und glatt streichen (siehe unten). Die Cassata im Tiefkühlgerät 2 Tage lang durchkühlen lassen.

EIS ANRICHTEN

5 Die Form kurz in heißes Wasser tauchen. Das Eis auf eine Platte stürzen und in ca. 2 ½ cm dicke Scheiben schneiden.

Cassata zubereiten
1. Die Form mit dem Vanilleeis auskleiden. Gut kühlen.
2. Die Form mit dem Pistazieneis auskleiden. Gut kühlen.
3. Die Eiercreme einfüllen. Glatt streichen.

Cannoli **alla siciliana**

Sizilianische Röhrchen

- **aus Sizilien**
- **etwas aufwendiger**

- **Für 10 Stück**
- **Zubereitungszeit: ca. 2 Stunden**
- **Ruhezeit: ca. 30 Minuten**
- **ca. 280 kcal pro Portion**

FÜR DIE CANNOLI
- **150 g Mehl**
- **2 EL Zucker**
- **1 kleine Prise Kaffeepulver (Instant)**
- **½ EL Kakaopulver, ungesüßt**
- **1 EL Marsala**
- **3 EL Weißwein**
- **1 Eiweiß**
- **1 Prise Salz**
- **2–3 EL weiche Butter (30 g)**
- **10 g Mandelöl (aromatisiertes Öl; Feinkostgeschäft)**
- **¾ l Sonnenblumenöl**

FÜR DIE FÜLLUNG
- **100 g Zartbitterkuvertüre**
- **70 g kandierte Orangen, gehackt**
- **50 g ungesalzene Pistazienkerne**
- **500 g Ricotta**
- **200 g Zucker**
- **2 EL Orangenblütenwasser (Reformhaus, Apotheke)**
- **20 Cocktailkirschen**

AUSSERDEM
- **Puderzucker zum Bestäuben**

TEIG ZUBEREITEN

1 Für den Teig in einer großen Schüssel Mehl, Zucker, Kaffeepulver, Kakao, Marsala, Weißwein, Eiweiß, Salz und Butter verkneten. Den Teig auf einem Holzbrett gut durchkneten und ca. 30 Minuten ruhen lassen.

TEIG AUSROLLEN, CANNOLI FORMEN

2 Den Teig ca. 2 mm dünn ausrollen und mit einem Teigrädchen Quadrate von ca. 8 cm Kantenlänge ausschneiden. Die Cannoli-Röhrchen (ca. 10 cm lange Metallröhrchen von ca. 2 cm Ø; Patisseriebedarf) mit Mandelöl bestreichen und diagonal in die Mitte eines Teigquadrates platzieren. Die seitlichen Teigecken mit Wasser bestreichen, den Teig um die Röhrchen legen, die bestrichenen Teigecken aufeinander drücken (siehe unten).

CANNOLI FRITTIEREN

3 Das Sonnenblumenöl in einer Fritteuse erhitzen. Die Cannoli darin portionsweise bei mittlerer Hitze in ca. 4 Minuten hellgelb frittieren. Die Cannoli etwas abkühlen lassen, dann die Röhrchen entfernen.

FÜLLUNG ZUBEREITEN, CANNOLI FÜLLEN UND SERVIEREN

4 Für die Füllung die Kuvertüre fein reiben. Die Orangen in kleine Würfel schneiden, die Pistazien fein hacken. Kuvertüre, Orangen, Pistazien, Ricotta, Zucker und Orangenblütenwasser verrühren. Die Masse in einen Spritzbeutel ohne Tülle füllen und in die Cannoli spritzen (siehe unten). Die Öffnungen der Cannoli mit je 1 Cocktailkirsche garnieren. Die Cannoli mit Puderzucker bestäuben und servieren.

Röhrchen zubereiten

1. Den Teig um die Metallröhrchen legen und festdrücken.

2. Die Füllung in die Röhrchen spritzen.

Il Panettone

Italienischer Weihnachtskuchen

- **aus der Lombardei**
- **etwas aufwendiger**

- **Für 8 Personen**
- **Zubereitungszeit: ca. 1 Stunde**
- **Ruhezeit: ca. 2 Stunden**
- **Backzeit: ca. 1 Stunde**
- **ca. 380 kcal pro Portion**

ZUTATEN
- **½ Würfel frische Hefe (21 g)**
- **320 g Mehl**
- **1 Prise Salz**
- **60 g kandierte Limetten und Orangen**
- **100 g Rosinen**
- **4 EL Grand Marnier**
- **60 g Butter**
- **1 Ei**
- **4 Eigelbe**
- **75 g Zucker**
- **1 EL Honig**
- **1 EL Orangenessenz (italienisches Feinkostgeschäft)**
- **zerlassene Butter und Mehl für die Form**
- **evtl. Puderzucker zum Bestäuben**

VORTEIG RÜHREN, FRÜCHTE MARINIEREN

1 Zuerst 18 g Hefe in 5 Esslöffeln lauwarmem Wasser auflösen. In einer Schüssel mit 80 g Mehl und Salz mischen. Diesen Vorteig mit einem Tuch abdecken und an einem warmen Platz (ideal sind 28–30 °C) ca. 1½ Stunden gehen lassen. Inzwischen die kandierten Früchte in Würfel schneiden. Mit den Rosinen und 2 Esslöffeln Grand Marnier mischen und zugedeckt marinieren.

HEFETEIG KNETEN, GEHEN LASSEN

2 Die Butter zerlassen. Den gegangenen Vorteig mit den Knethaken des Handrührgeräts durchkneten und das restliche Mehl nach und nach untermischen. Butter, Ei und Eigelbe darunter kneten. Den Teig 10 bis 15 Minuten kneten, bis er geschmeidig ist. Dann den Zucker in wenig heißem Wasser auflösen und zusammen mit Honig und Orangenessenz in den Teig einarbeiten.

3 Den Teig noch ca. 5 Minuten kneten. Dann die restliche Hefe in 1 Esslöffel lauwarmem Wasser auflösen und dazugeben. Der Teig sollte sehr elastisch, weich und klebrig sein. Falls der Teig zu hart ist, noch ein wenig warmes Wasser dazugeben. Den Teig noch 3 bis 4 Minuten kneten, dann die eingeweichten Rosinen und die kandierten Früchte darunter mengen.

4 Eine Form (10 cm hoch, 18 cm Ø) mit Butter ausstreichen. Die Form mit Backpapier auskleiden, wieder mit Butter bestreichen und mit Mehl bestäuben. Den Teig in die Form füllen, sie sollte etwa zur Hälfte gefüllt sein. Den Teig zugedeckt ca. 1 Stunde gehen lassen, bis sich sein Volumen mindestens verdoppelt hat.

PANETTONE BACKEN

5 Den Backofen auf 250 °C vorheizen. Den Panettone im Backofen (Mitte) ca. 10 Minuten backen. Dann die Temperatur auf 165 °C reduzieren. Den Panettone mit Alufolie bedecken und zugedeckt noch ca. 50 Minuten backen.

KUCHEN STÜRZEN UND AUSKÜHLEN LASSEN

6 Den Panettone aus dem Backofen nehmen und in der Form kurz abkühlen lassen. Dann stürzen und völlig auskühlen lassen. Danach oben evtl. mit Puderzucker bestäuben.

Castagnaccio **al gratin di mele**

Kastanienkuchen mit gratinierten Äpfeln

- **Spezialität von Sante**
- **für Gäste**

- **Für eine Spring- oder Pizzaform von 28 cm ø**
- **Zubereitungszeit: ca. 30 Minuten**
- **Backzeit: ca. 1 1/4 Stunden**
- **ca. 230 kcal pro Stück**

ZUTATEN
- **400 g Kastanienmehl (italienisches Feinkostgeschäft)**
- **60 g Zucker**
- **4 1/2 EL Olivenöl**
- **1 Prise Salz**
- **50 g Rosinen**
- **Semmelbrösel**
- **30 g Pinienkerne**
- **3 Äpfel**
- **50 g Aprikosenmarmelade**
- **50 g zerlassene Butter**
- **30 g brauner Zucker**
- **200 g Sahne**
- **1 Zimtstange**

MENÜVORSCHLAG
- **Carpaccio (S. 36)**
- **Grießgnocchi nach römischer Art (S. 66)**
- **Gefüllte Lammkeule (S. 82)**
- **Kastanienkuchen (auf dieser Seite)**

CASTAGNACCIO BACKEN

1 Den Backofen auf 200 °C vorheizen. Das Mehl mit 600 ml Wasser, Zucker, 4 Esslöffeln Olivenöl, Salz und Rosinen verrühren. Formboden mit Öl bestreichen, mit Semmelbröseln bestreuen. Den Teig darauf glatt streichen, mit Pinienkernen bestreuen und im Backofen (Mitte) ca. 1 Stunde backen.

CASTAGNACCIO MIT ÄPFELN BELEGEN, GRATINIEREN

2 Den Castagnaccio herausnehmen, abkühlen lassen. Die Äpfel schälen, halbieren und ohne Kerngehäuse quer in dünne Scheiben schneiden. Den Backofen auf 250 °C vorheizen. Die Marmelade erwärmen, den Castagnaccio damit bestreichen. Die Apfelscheiben schuppenförmig darauf anordnen. Apfelscheiben mit der Butter bestreichen, mit dem braunen Zucker bestreuen. Kuchen im Backofen (oben) ca. 10 Minuten gratinieren.

SAUCE ZUBEREITEN, CASTAGNACCIO ANRICHTEN

3 Inzwischen Sahne und Zimtstange aufkochen lassen und bei mittlerer Hitze auf ein Drittel reduzieren. Die Sauce heiß zu dem fertigen Castagnaccio servieren, in 12 Stücke teilen.
(auf dem Foto: rechts)

MEIN TIPP!

- Probieren Sie dieses Gericht mal mit Kartoffeln aus. Schmeckt einfach köstlich! Nehmen Sie statt der Kastanien einfach die gleiche Menge an gekochten Kartoffeln.

Lo Zuccotto

Zuccotto

NÜSSE HÄUTEN, BISKUITSTREIFEN IN FORM FÜLLEN

1 Die Nüsse dunkel rösten. In ein Tuch geben und die Haut abreiben. Eine runde Schüssel mit Butter ausstreichen und mit Backpapier auskleiden. Den Biskuit in ca. 1 cm breite Streifen schneiden. Die Schüssel damit auslegen. Mit Likör tränken.

FÜLLUNG ZUBEREITEN

2 Mandeln und Haselnüsse fein hacken, die Hälfte der Kuvertüre grob raspeln. Die Sahne steif schlagen. Nüsse, geraspelte Kuvertüre und Puderzucker locker unter die Sahne heben. Diese Masse halbieren. Die übrige Kuvertüre im Wasserbad schmelzen lassen und mit dem Cognac in eine Hälfte der Masse rühren.

ZUCCHOTTO KALT STELLEN, DANN ANRICHTEN

3 Zuerst die helle, dann die dunkle Masse auf den getränkten Biskuit geben und den Zucchotto mindestens 2 Stunden kalt stellen. Dann stürzen und mit Kakaopulver bestreuen.
(auf dem Foto: links)

- **aus ganz Italien**
- **für Gäste**

- **Für 6 Personen**
- **Zubereitungszeit: ca. 1 Stunde**
- **Kühlzeit: mindestens 2 Stunden**
- **ca. 107 kcal pro Portion**

ZUTATEN

- **70 g geschälte Haselnüsse**
- **1 EL weiche Butter**
- **1 Biskuitboden ohne Rand**
- **4 cl süßer Likör (z. B. Maraschino)**
- **70 g geschälte Mandeln**
- **200 g Zartbitter-Kuvertüre**
- **1 kg Sahne**
- **150 g Puderzucker**
- **2 cl Cognac**
- **Kakaopulver zum Bestreuen**

An-hang

»Italien wartet mit einem erstaunlichen Reichtum an kulinarischen Produkten auf, die Sie unbedingt für sich entdecken sollten. Dabei hat jede Region ihre eigene Spezialität.«

In diesem Kapitel finden Sie eine Warenkunde der bekanntesten Produkte der Regionen Italiens. Zu jedem Begriff erhalten Sie stichwortartig die wichtigsten Informationen. Da immer noch nicht alle Produkte in Deutschland erhältlich sind, und deren Aufzählung außerdem ein ganzes Buch füllen würde, habe ich in diesem Glossar vor allem Spezialitäten genannt, die Sie für die Rezepte dieses Buches benötigen. Im Anschluss an das Glossar folgen dann noch die Rezeptverzeichnisse (in Deutsch und Italienisch).

Glossar

Aceto balsamico: mild-würziger, Essig mit dunkler Farbe. Er wird aus dem eingekochtem Saft von Trebbiano-Trauben gewonnen und erhält sein intensives Aroma durch jahrelange Lagerung in Fässern aus verschiedenen Holzarten. Er gibt nicht nur Salatsaucen einen feinen Geschmack, sondern eignet sich auch hervorragend zum Abschmecken von dunklen Saucen oder für Grillmarinaden. Guter Aceto balsamico ist teuer, denn seine Herstellung ist aufwendig. Der unbestrittene König ist Aceto balsamico tradizionale di Modena, der nur in begrenzter Menge unter strengen Auflagen hergestellt wird; entsprechend hoch ist sein Preis.

Alchermes: roter Kräuterlikör mit intensivem Geschmack nach Zimt, Nelken, Muskat und Koriander.

Amaretti: süße Mandelmakronen, die es in ganz Italien gibt. Das Gebäck kann knusprig oder weich, klein oder groß sein, je nach Region.

Anchovis: siehe Sardellen

Arborio: Rundkornreis, der sich besonders für die Zubereitung von Risotto eignet, da sein Korn viel Flüssigkeit aufnehmen kann, ohne breiig zu werden.

Artischocken (carciofi): Blüten einer Distelstaude. Die harten Spitzen der Blätter und das Heu der Artischocken müssen vor dem Verzehr entfernt werden. Nehmen Sie möglichst kleine und geschlossene Artischocken, z. B. romani.

Asiago: venezianischer Kuhmilchkäse. Es gibt drei Sorten: Asiago d' Avello, ein halbfetter Hartkäse, reift zwischen 6 Monaten und 2 Jahren. Asiago pressato wird aus vollfetter Milch hergestellt und hat eine Reifezeit von 20 bis 40 Tagen. Asiago grasso di monte ist ein Weichkäse, den es nur zwischen Juni und September gibt; die Milch für diese Käsespezialität stammt von Kühen, die auf Weiden über 1000 m Höhe grasen.

Auberginen (melanzane): Früchte eines Nachtschattengewächses mit neutralem, leicht nussigem Geschmack. Auberginen werden im gesamten Mittelmeerraum angebaut.

Austern (ostriche): besonders feine Muschelart, die schon lange als Delikatesse geschätzt wird. Bereits die Römer verfügten über Austernbänke. Austern am besten nur in den Monaten mit »r« verzehren und erst unmittelbar vor dem Essen oder Zubereiten öffnen (mit einem Austernmesser und Austernhandschuh).

Avocado: birnenförmige Frucht, mit neutral bis leicht nussig schmeckendem sehr fetthaltigem Fruchtfleisch. Kann pikant und süß zubereitet werden.

Baccalà: gesalzener, luftgetrockneter Kabeljau. Obwohl es in Italien reichlich frischen Fisch gibt, spielt traditionell auch getrockneter Fisch eine Rolle.

Basilikum (basilico): eines der wichtigsten Kräuter der italienischen Küche. Es schmeckt süßlich, mit leicht pfeffriger Note und mildert die Säure von Tomaten.

Bresaola: luftgetrocknetes Rindfleisch aus Norditalien, vergleichbar dem Schweizer Bündner Fleisch.

Campari: roter Aperitif aus Chinarinde, Kräutern und Zitrusfrüchten, eine Erfindung der Familie Campari. Man serviert ihn on the rocks mit Soda oder Orangensaft.

Cantucci, Cantuccini: trockenes Mandelgebäck aus der Toskana. Wird dort als Dessert mit Vinsanto gereicht.

Chicorée (cocoria): Sprossen einer Zichorienart mit leicht bitterem Geschmack. Wächst im Dunkeln, daher die helle Farbe.

Ciabatta: toskanisches, lockeres Weizenbrot, das aus Mehl Type O hergestellt wird. Mehl Type O erhalten Sie im italienischen Feinkostgeschäft. Deutsche Mehle beginnen bei Type 405.

Dicke Bohnen (fave): auch Puffbohnen, Saubohnen oder Ackerbohnen genannt, zählen zu den ältesten Kulturpflanzen und sind wichtige pflanzliche Eiweißlieferanten. Dicke Bohnen sind die Früchte einer Wickenart. Die Schoten werden aufgebrochen und die Kerne ausgepahlt und gekocht. Wegen der häufig auftretenden Allergien, sollte man dicke Bohnen nie ungekocht verzehren.

Dorade (orata): Goldbrasse oder Meerbrasse. Man unterscheidet Dorade royale, Dorade grise und Dorade rose. Das feinste Fleisch hat die Dorade royale; man erkennt sie an ihrer silbernen Farbe und dem goldfarbenen Streifen zwischen den Augen.

Espresso: »schneller Kaffee« mit dem typischen Schaum, der »crema«, die durch den Druck entsteht, mit dem der Kaffee aus der Maschine gepresst wird.

Focaccia: Fladenbrot, das aus demselben Teig wie Pizza gebacken wird, allerdings ist eine Focaccia dicker als eine Pizza. In den Teig werden kleine Vertiefungen gedrückt, die Focaccia dann mit Olivenöl beträufelt, mit grobem Salz und Gewürzen nach Geschmack bestreut und gebacken. Man isst sie gerne mit Mortadella.

Fontina: halbfester Schnittkäse aus dem Aostatal. Reifezeit 2 bis 6 Monate. Orange-braune Rinde, Teig hellgelb, weich und mit kleinen Löchern. Schmilzt sehr gut und wird deshalb auch gerne für Käsefondue oder Raclette verwendet.

Friselle: Brot aus Hartweizenmehl, das nach dem Backen in Scheiben geschnitten und im Backofen getrocknet wird, bis es keine Flüssigkeit mehr enthält. Friselle sind besonders für die Vorratshaltung geeignet. Vor dem Essen werden sie kurz unter Wasser gehalten.

Frühlingszwiebeln (cipolline): Frühlingszwiebeln werden hauptsächlich von Juni bis Mitte August angeboten. Sie haben eine Frucht von 3 bis 4 cm Durchmesser. In Italien isst man sie gerne roh zu Brot oder süßsauer eingelegt.

Gorgonzola: würziger Blauschimmelkäse, der ursprünglich nur in Gorgonzola in der Lombardei hergestellt wurde. Seinen typischen Geschmack und die blaue Marmorierung verdankt er dem Schimmelpilz, der ihm nach der ersten Reifephase eingeimpft wird.

Grana Padano: würziger Hartkäse, der wie Parmigiano Reggiano (Parmesan) hergestellt wird und an dem eingebrannten Kleeblatt auf der Rinde zu erkennen ist. Grana Padano wird in verschiedenen Regionen in Norditalien hergestellt und hat eine Reifezeit von 10 bis 18 Monaten.

Grappa: ein Tresterbranntwein mit einem Alkoholgehalt von etwa 40 Vol.-%. Früher waren Grappe einfache Schnäpse, heute findet man ausgesprochen feine Branntweine darunter. Am besten schmecken Grappe aus dem Trester von angepressten Trauben. Wer eine bestimmte Traubensorte bevorzugt, kann Grappa di Barolo, Grappa di Moscato, Grappa di Chardonnay usw. genießen.

Grissini: dünne knusprige Brotstangen, die heute häufig auch mit Kräutern gewürzt angeboten werden. Man reicht sie zu Antipasti, kann sie aber auch zu anderen Gerichten essen. Grissini kommen ursprünglich aus Turin und werden aus einem einfachen Hefeteig mit Mehl, Wasser und manchmal etwas Olivenöl hergestellt.

Jakobsmuscheln (capasanta): zählen zu den schmackhaftesten und größten Meeresmuscheln und leben vor allem an der Atlantikküste und im Mittelmeer. Bei uns sind Jakobsmuscheln meist tiefgefroren oder konserviert erhältlich. Sie haben ein zartes, weißes Fleisch und eine orangerote Corail, die Rogen.

Kaktusfeigen (fichi d'india): Früchte des Opuntienkaktus, werden vor allem in Sizilien, Spanien, Afrika und Brasilien angebaut. Kaktusfeigen haben spitze Stacheln, deshalb sollten Sie immer Handschuhe tragen, wenn Sie die Früchte schälen oder aufschneiden wollen.
Reife Früchte sind orangerot bis braun und haben ein gelbliches Fruchtfleisch von mehliger Konsistenz. Man kann das Fruchtfleisch mit einem Löffel aus der Frucht lösen und solo essen oder beispielsweise in Obstsalate mischen.

Kalmar (calamaro): Kopffüßler mit zehn Fangarmen. Vorkommen: Mittelmeer und Atlantikküste. Der Körper der Kalmare werden in Ringe geschnitten und gedünstet oder frittiert. Die gesäuberten Körper können auch gefüllt werden.

Kapern (capperi): Knospen des Kapernstrauches, die meist in Essig oder Salzlake konserviert werden. Je nach Größe unterscheidet man Nonpareilles (sehr klein und zart), Surfines, Fines, Mitines, Communes. Ihr würziger Geschmack gibt Saucen und Gemüsesalaten ein wunderbares Aroma. Kapern sind zum Beispiel unverzichtbarer Bestandteil von Vitello tonnato.

Kastanienmehl: wird aus getrockneten Esskastanien gemahlen und muss rasch verbraucht werden, weil es schnell ranzig wird.

Kichererbsen (ceci): spielen in allen Mittelmeerländern, so auch in der italienischen Küche, eine Rolle. Sie gedeihen vor allem im klimatisch gemäßigten Süden. Kichererbsen gibt es bereits gegart in Gläsern und Dosen oder getrocknet, dann müssen sie vor dem Garen etwa 24 Stunden in Wasser eingeweicht und anschließend etwa 3 Stunden gekocht werden.

Koriander (coriandolo): Man liebt ihn oder man hasst ihn, denn er hat einen ausgeprägten Geschmack und Geruch, der nicht jedermann zusagt. Ursprünglich kommt Koriander aus Nordafrika, Vorder- und Westasien und ist eines der ältesten bekannten Heil- und Gewürzkräuter. Das einjährige Kraut hat gefiederte Blätter und trägt kleine Früchte (Korianderkörner), die sich in zwei Hälften spalten lassen. Korianderkraut passt sehr gut zu Currygerichten, in Salate, Suppen und Fleischgerichte.

Linsen (lenticchie): stammen ursprünglich aus Asien, von wo aus sie nach Italien kamen. Schon zur Zeit der Römer schätzte man Linsen als preiswertes und sättigendes Gericht. Wie alle Hülsenfrüchte hat die Linse einen hohen Eiweißgehalt, ist aber leicht verdaulich. Es gibt verschieden Sorten. In Italien schätzt man vor allem die kleinen braunen Berglinsen. Linsen muß man vor dem Garen nicht oder nur kurz einweichen.

Mangold (coste) Man unterscheidet Blatt- oder Schnittmangold und Rippen- oder Stielmangold. Beim Blatt- oder Schnittmangold werden nur die Blätter gegessen, beim Stielmangold können auch auch die Stiele verzehrt werden. Am zartesten sind junge Mangoldblätter. Das Gemüse passt hervorragend zu Fisch- oder Fleischgerichten, eignet sich aber auch für die Zubereitung von Cremesuppen oder als Zutat in Eintöpfen. Stiele werden vor dem Dünsten von der dünnen Haut befreit, dann in Streifen geschnitten und gedünstet. Mangold zeichnet sich durch einen hohen Eiweiß- und Mineralstoffgehalt aus. So versorgt er uns beispielsweise mit Phosphor, Magnesium, Kalium, Calcium, Jod und Eisen sowie mit vielen Vitaminen.

Maraschino: Likör aus Marasca-Kirschen (eine Sauerkirschenart), der vor allem zum Abschmecken von Fruchtsalaten oder anderen Desserts verwendet wird. Der Saft der Kirschen wird dafür zum Gären gebracht und anschließend destilliert. Maraschino hat einen leichten Bittermandelgeschmack.

Marrons glacés (marroni canditi, glasierte Esskastanien): kann man in Italien fertig kaufen. Sie haben einen relativ hohen Preis, denn bei der Zubereitung brechen sie leicht und können dann nicht mehr angeboten werden. Um die Weihnachtszeit haben glasierte Esskastanien Hochsaison, denn dann werden sie für die Dekoration von üppigen Desserts gebraucht.

Mascarpone: ist ein sehr fetthaltiger Frischkäse (Fettgehalt mindestens 50 %). Um ihn herzustellen, wird Milch mit Milchsäurebakterien etwa 24 Stunden fermentiert, dann ist der Käse verzehrfertig und muss auch rasch verbraucht werden. Mascarpone eignet sich aufgrund seines neutralen Geschmacks sowohl für die Zubereitung süßer als auch pikanter Speisen. Er ist unverzichtbarer Bestandteil der berühmten Nachspeise Tiramisu, aber auch in Füllungen für Ravioli oder beim Binden von Saucen spielt er eine bedeutende Rolle.

Miesmuscheln (cozze): schwarze, längliche Muscheln mit aromatischem Fleisch. Sie werden vor allem im Süden Italiens und in der Bucht von Venedig gezüchtet. Entscheidend für den Geschmack und das Gedeihen der Miesmuscheln ist die Wasserqualität, denn Miesmuscheln reagieren sehr empfindlich auf Umweltverschmutzung. Deshalb wird die Reinheit des Wassers auch ständig überwacht. Kaufen Sie nur Muscheln, die geschlossen sind. Geöffnete Muscheln und solche, die besonders leicht sind (und beim Waschen an der Wasseroberfläche schwimmen) sind verdorben und müssen weg-

geworfen werden. Dies gilt auch für Muscheln, die sich nach dem Garen nicht geöffnet haben. Zum Reinigen werden die Muscheln in Wasser gelegt und gründlich abgebürstet oder abgekratzt.

Mortadella: stammt ursprünglich aus Bologna. Besteht sie aus Schweinefleisch, wird sie mit einem »S« auf dem Darm gekennzeichnet. Wird der Füllung auch Rinder-, Lamm- oder Pferdefleisch beigemischt, markiert man sie mit »SB«. Gewürzt wird sie häufig mit Pistazien und Koriander.

Mozzarella: aus Büffelmilch hergestellter Weichkäse. Mozzarella ist neben Parmesan einer der bekanntesten und beliebtesten Käse, weshalb er heute auch häufig aus Kuhmilch hergestellt wird, denn Büffelmilch ist rar. Während man bei Pizza auf Kuhmilchmozzarella ausweichen kann, sollte man für die Insalata caprese Büffelmozzarella nehmen, denn er hat einen wesentlich würzigeren Geschmack. Mozzarella schmilzt hervorragend und schmeckt sehr mild, sodass man ihn mit vielen anderen Zutaten kombinieren kann. Er wird in einer Lake aufbewahrt, damit er nicht so schnell an Feuchtigkeit verliert und muss rasch verbraucht werden.

Olivenöl (olio di oliva): aus Oliven gewonnenes Speiseöl, das es in verschiedenen Qualitätsstufen gibt. Das wertvollste ist Olivenöl, das durch Kaltpressung gewonnen und nicht raffiniert wird: Olio di oliva extra vergine (natives Olivenöl extra). Da es einen bestimmten Säureanteil nicht übersteigen darf, werden die Oliven dafür unreif geerntet, um einer Oxidation des wertvollen Öls

durch Verletzungen der Früchte vorzubeugen. Dieses feine Öl sollte möglichst nicht erhitzt werden und eignet sich deshalb vor allem für kalte Gerichte wie Salate oder zum Beträufeln von Bruschetta.
Olio di oliva vergine (natives Olivenöl) wird aus reiferen Oliven kalt gepresst, hat einen etwas höheren Säuregehalt wie Olio di oliva extra vergine und findet wie dieses in der kalten Küche Verwendung.
Olio di oliva (Olivenöl) ist das einfachste der Olivenöle. Es wird heiß gepresst, hat einen hohen Säuregehalt und kann deshalb auch stark erhitzt (bis 120 °C) werden. Dieses Öl eignet sich zum Braten und Kochen.
Viele Olivenöle haben einen ausgeprägten Geruch und Geschmack und sind deshalb nicht uneingeschränkt für die Zubereitung von Speisen (wie beispielsweise Mayonnaise) geeignet. Sie sind etwas dickflüssiger als andere Kernöle und haben eine gelbliche bis grünliche Farbe, die sie ihrem Gehalt an Chlorophyll verdanken. Lagern Sie Olivenöl lichtgeschützt und bei etwa 15 °C.

Orangenblütenwasser: Destillat aus den geschlossenen Blütenknospen des Apfelsinenbaumes. Es wird zum Aromatisieren von Gebäck und Desserts verwendet und ist in italienischen Feinkostgeschäften erhältlich.

Oregano (origano): mit Majoran verwandtes Kraut. Seine Blätter enthalten reichlich ätherische Öle, die ihm einen herb-pfeffrigen, leicht bitteren Geschmack verleihen.
Oregano ist ein klassisches Gewürz der italienischen Küche, es wird häufig auch getrocknet verwendet. Seine verdauungsfördernde Wirkung entfaltet es bei schweren Speisen.

Pancetta tesa (durchwachsener Bauchspeck): wird in Italien für viele Gerichte verwendet. Die klassischen Spaghetti carbonara wären ohne Pancetta nicht denkbar, aber auch minestrone (Gemüseeintopf) oder andere deftige Gerichte profitieren von seinem Geschmack.

Parmaschinken (Prosciutto di Parma): Echter Parmaschinken unterliegt strengen Herstellungskriterien, deren Einhaltung von einem Herstellerverband kontrolliert werden. Die Schweine, die das Fleisch für diesen Schinken liefern, werden hauptsächlich mit Molke aus der Parmesanproduktion und Mais gefüttert und artgerecht gehalten. Das Rohgewicht eines Parmaschinkens muss mindestens 10 bis 11 Kilogramm betragen. Der Schinken wird im rohen Zustand einen Monat lang täglich mit Salz eingerieben und dann an einem luftigen, trockenen Ort etwa 18 Monate zum Trocknen aufgehängt. Parmaschinken schmeckt leicht süßlich und sollte hauchdünn aufgeschnitten werden.

Parmesan (Parmigiano Reggiano): in einem begrenzten Gebiet und unter strengen Auflagen produzierter Hartkäse. Er wird vor allem gerieben oder gehobelt verwendet und würzt Pasta, Risotto, Saucen oder Salate. Aber auch mit Nüssen oder Oliven ist er ein beliebter Imbiss. Der Parmesan reift ohne künstliche Mittel zur Fermentierung mindestens 24 Monate. Je länger die Reifezeit, desto trockener der Teig und würziger der Geschmack. Nur echter und einwandfreier Parmigiano trägt ein AOC-Gütesiegel, das rundum auf der Rinde eingeprägt wird.

Pecorino: würziger Hartkäse aus Schafsmilch. Er kann wie Parmesan verwendet werden, wobei sich alter Pecorino besser zum Reiben eignet als junger.

Perlzwiebeln (cipolline): die kleinste und feinste Zwiebel, die man nur auf sehr gut sortierten Märkten findet. Wir kennen sie vor allem sauer eingelegt.

Pesto: würzige Sauce aus Parmesan, Basilikum, Pinienkernen, Knoblauch und Olivenöl. Pesto kann man fertig kaufen, aber auch in einem Mörser oder im Mixer selbst herstellen. Dafür 2 Bund Basilikum waschen. Die Blätter abzupfen, trockentupfen und in feine Streifen schneiden. Mit 50 g Pinienkernen fein zerkleinern. 50 g geriebenen Parmesan (oder Pecorino) untermischen und 50 ml Olivenöl darunter rühren, nach Belieben noch 1 zerdrückte Knoblauchzehe untermengen.

Pinienkerne: Samen der Pinienzapfen. Sie schmecken fein nussig und eignen sich mit Rosinen als Füllung für Fleisch- oder Geflügelgerichte, entfalten aber auch in Süßspeisen ihr Aroma, vor allem, wenn man sie vor der Verwendung in einer Pfanne ohne Fett hellgelb röstet. Pinienkerne immer nur in kleinen Mengen kaufen und rasch verbrauchen, da sie schnell ranzig werden.

Polenta: Maisbrei, der aus Maismehl oder Maisgrieß hergestellt wird und früher ein typisches Armeleuteessen war. In Italien bezeichnet das Wort polenta aber auch jede andere Art von Brei aus Getreide oder Hülsenfrüchten, beispielsweise Polenta di orzo (Gerstenpolenta).

Prosecco: aus der Proseccotraube hergestellter Wein, der ohne Kohlensäure, als Vino frizzante und als Spumante (Flaschengärung) angeboten wird, in einer lieblichen und einer trockenen Variante. Prosecco kommt hauptsächlich aus der Gegend von Valdobbiadene.

Radicchio: wird in Europa vorwiegend in Italien und Frankreich angebaut. Er hat einen leicht bitteren Geschmack und eignet sich nicht nur als Zutat für Salate, sondern ist auch gedünstet oder gegrillt eine Delikatesse. Zusammen mit Walnüssen gibt er besipielsweise Pastagerichten eine raffinierte Note.

Ricotta: hat eine quarkähnliche Konsistenz. Man kennt ihn in Italien schon seit der Antike. Er entstand eigentlich aus einem Abfallprodukt, nämlich der Molke von Schafs- oder Kuhmilch und hatte daher anfänglich eher marginale Bedeutung. Zur Herstellung von Ricotta wird die Molke nochmals aufgekocht (ricuocere = erneut aufkochen), dann wird frische Milch hinzugefügt und mit Zitronensäure oder Lab fermentiert. Ungesalzener Ricotta eignet sich zur Zubereitung von pikanten Speisen oder von Desserts. Gesalzenen oder geräucherten Ricotta isst man dageben am besten solo.
Hier die wichtigsten Sorten: Ricotta Romana wird aus Schafsmilch gemacht und ist ungesalzen. Im Osten und Nordosten Italiens findet man geräucherten Ricotta, der dadurch haltbarer ist, aber auch einen sehr intensiven Geschmack bekommt. In Apulien liebt man mit Kräutern und Gewürzen verfeinerten Ricotta, in Kalabrien wird er mit Feigensaft dickgelegt.
Ricotta ist verhältnismäßig fettarm (30 % Fett) und zum raschen Verbrauch bestimmt; gesalzen ist er etwas länger haltbar (bis zu 2 Monaten) als ungesalzen.

Risottoreis: siehe Arborio oder Vialone

Robiola: ein vollfetter Frisch- oder nicht ganz durchgereifter Weichkäse, der aus Schafs-, Ziegen- oder Kuhmilch oder aus einer Mischung dieser Milchsorten hergestellt wird. Wie alle Frischkäse, so ist auch Robiola zum schnellen Verbrauch bestimmt.

Romanesco (Minarettkohl): eine hübsche, hellgrüne Züchtungsvariante des Blumenkohls, dessen Röschen an kleine Minaretttürmchen erinnern. Romanesco hat im Wesentlichen dieselben Eigenschaften wie Blumenkohl, verfügt aber über einen noch höheren Vitamin-C-Gehalt, der sich, wie bei allen Kohlsorten, erst beim Kochen richtig entfaltet. Blumenkohl und seine Züchtungsvarianten sind leicht verdaulich und haben deshalb sogar in der Schonkost einen festen Platz.

Rosmarin (rosmarino): immergrüner, bis zu 2 Metern hoher Strauch mit kleinen, tannennadelförmigen Blättern, der im ganzen Mittelmeerraum gedeiht. Die Blätter des Rosmarins sind ziemlich fest, deshalb gibt man beim Kochen entweder einen ganzen Zweig in das Gericht, den man anschließend problemlos wieder entfernen kann, oder man hackt die Blätter klein. Rosmarin hat einen sehr intensiven, aromatischen Geschmack, den er seinem Gehalt an ätherischem Öl verdankt. Rosmarin gibt Bratkartoffeln erst das gewisse Etwas und würzt Lamm- oder Wildgerichte – aber auch Desserts.

Rucola (Rauke): ein bereits vor Christi Geburt bekanntes Kraut mit leicht gezahnten Blätter, die einen scharfen, kräftigen Geschmack haben. Aufgrund seines Gehaltes an ätherischen Ölen, wird Rucola eine belebende Wirkung nachgesagt. Man verwendet ihn für Salate, kleingeschnitten in Suppen, Eintöpfen oder Saucen.

Safran (zafferano): eines der teuersten Gewürze der Welt, denn die orangeroten Blütennarben müssen auch heute noch von Hand gepflückt werden. Safran wird als Fäden oder Pulver in Döschen oder Tütchen von 1 Gramm Gewicht verkauft; er würzt und färbt Fischsuppen, Risotto und Backwaren. Safranfäden vor Gebrauch in etwas Wasser einweichen.

Salbei (salvia): Wie Basilikum und Rosmarin gehört Salbei zu den gebrauchlichsten Kräutern der italienischen Küche. Salbei hat graugrüne, leicht flaumige Blätter und passt generell zu hellen Fleischsorten, wie Kalbfleisch und Geflügel sowie zu Leber. Er schmeckt in Füllungen für Tortellini oder Ravioli oder in Öl frittiert als kleiner Imbiss zu einem Glas Wein.

Salsiccia: grobe, rohe Schweinswürste. Für Salsiccia (auch Luganiga, Luganega, Lugeneca, Lucanica) wird Darm gefüllt und dann in Segmenten abgebunden. Die Wurst wird als Meterware verkauft, sie heißt deshalb auch Salsiccia al metro. Salsicce werden gegrillt oder gebraten und solo oder mit Tomatensauce und Polenta gegessen.

San Daniele Schinken (Prosciutto di San Daniele): roher, gepökelter und luftgetrockneter Schinken. Wie sein großer Bruder, Prosciutto di

Parma, wird auch der San Daniele mit großer Sorgfalt und unter Aufsicht eines Konsortiums hergestellt. Er stammt ursprünglich von schwarzen Schweinen aus dem Friaul, wird nach dem Salzen gepresst und dann zum Trocknen 12 bis 14 Monate an einem luftigen Platz aufgehängt. San Daniele ist etwas würziger als Parmaschinken.

Sardellen (acciughe): Kleine Salzwasserfische, die höchstens 20 cm lang werden. Ganz junge Sardellen isst man mit Haut und Gräten. Ausgewachsene Sardellen werden von Kopf und Innereien befreit und dann in Salz, Öl oder Essig eingelegt, wobei die in Salz eingelegten Sardellen am besten schmecken. Mit ihrem intensiven Aroma würzen sie zahlreiche Gerichte Italiens.

Scampi (Kaisergranat): gehören zu den Krustentieren und werden häufig mit Riesengarnelen (Shrimps) verwechselt, sind an den beiden Scheren und dem platten Schwanz zu erkennen.

Schwarzwurzeln (scorzonera): Wurzelgemüse, als »Spargel des armen Mannes« bezeichnet, dem sie geschmacklich ähnlich sind. Neben Erbsen und Bohnen eines der gesündesten Gemüse und besonders leicht verdaulich. Vorsicht beim Schälen: die Wurzelmilch verursacht unschöne Flecken.

Schwertfisch (pesce spada): großer Meeresfisch mit einem schwertähnlichen Fortsatz am Oberkiefer. Sein Fleisch wird meist in Scheiben geschnitten gegrillt oder gebraten.

Sepien (seppie): kleiner als der Kalmar und etwas härter. Sie werden häufig gefüllt zubereitet.

Sonnenblumenöl: geschmacksneutrales, hoch erhitzbares Öl aus den Samen der Sonnenblume.

Spargel (aspargo): Sprossen einer Staude, die in sandigem Boden

gedeihen und im Frühjahr gestochen werden, noch bevor der Kopf durch die Erde stößt. Es gibt weißen und grünen Spargel, Letzterer ist über der Erde gewachsen, daher seine Farbe. Grüner Spargel muss nur im unteren Drittel geschält werden, beim weißen Spargel beginnt man kurz unterhalb des Kopfes. Spargel gilt als König der Gemüse. Er hat einen sehr feinen Geschmack, ist besonders kalorienarm, leicht verdaulich und wirkt stark entwässernd und entschlackend.

Steinbutt (rombo): Plattfisch mit festem, feinem Fleisch. Wird meist filetiert und pochiert gegessen.

Steinpilze (porcini): aromatischer Speisepilz, wird frisch und getrocknet sehr häufig verwendet. Schon geringe Mengen getrockneter Steinpilze geben Saucen ein herrlich würziges Aroma.

Stockfisch (stoccafisso): luftgetrockneter, ungesalzener Kabeljau.

Taleggio: würziger Weichkäse aus Kuhmilch, der im Taleggio-Tal nördlich von Bergamo hergestellt wird.

Thunfisch (tonno): sehr beliebter Meeresfisch, der frisch angeboten oder in Öl oder eigenem Saft eingelegt wird. Konservierten Thunfisch nimmt man für Saucen, Pizza oder Salate. Frischer Thunfisch wird gegrillt oder hauchdünn geschnitten als Carpaccio gegessen.

Tomaten (pomodori): rote Frucht eines Nachtschattengewächses, dessen ursprüngliche Heimat die Anden sind. Am würzigsten sind Tomaten aus Freilandanbau, Strauchtomaten und Eiertomaten. Letztere eignen sich auch besonders zur Herstellung von Saucen, weil sie wenig Saft und Kernfleisch enthalten.

Trüffel (tartufi): kostbare, entsprechend teure Pilzart, die vor allem in Frankreich, Spanien und Italien gedeiht. Es gibt weiße und schwarze Trüffel. Sie geben Saucen oder Öl einen wunderbar würzigen Geschmack. Hauchdünn und frisch gehobelt adeln sie Pastagerichte oder Risotti.

Venusmuscheln (vongole): Muschelart, die man gedünstet wie Miesmuscheln isst, oder aber in Saucen zu Nudelgerichten und in Fischsuppen genießt. Ungekochte geöffnete und gekochte geschlossene Muscheln sind verdorben und müssen weggeworfen werden.

Vialone: langkörniger Reis, der sich sehr gut für die Zubereitung von Risotto eignet.

Vinsanto: süßer Dessertwein aus der Toskana.

Zucchini (zucchine): schmecken als Rohkost, gegrillt oder gebraten und in Öl eingelegt, gefüllt und überbacken oder in Eintöpfen. Aufgrund ihres zarten Geschmacks lassen sie sich mit vielen anderen Zutaten kombinieren. Kaufen Sie möglichst kleine Zucchini, denn sie enthalten wenig Wasser. Eine besondere Delikatesse sind gefüllte und frittierte Zucchiniblüten.

Rezeptverzeichnis **in Deutsch**

Rezeptverzeichnis **nach Rubriken**

ANTIPASTI

PRIMI PIATTI

SECONDI PIATTI

CONTORNI

DOLCI

Rezeptverzeichnis **in Italienisch**

Danksagung des Autos
Ein besonderes »Grazie di Cuore« für die Mitwirkung bei der Erstellung dieses Buches geht an:
- Claudia und Giulia für »alles«
- Mamma Maria Luisa, durch die ich die Liebe zum Beruf entdeckt habe
- Nonna Nina für die unzähligen Rezepte
- Zia Anna 1 und 2 für die guten Tipps
- meinen Freund und Kollegen Frank Buchholz für die mir anvertraute Chance
- meinen »Padrino« Dieter Fischer von »Feinkost Fischer & Trezza«
- Piero und Attilio vom »Club Forza Roma«
- Birgit Wenderoth vom FALKEN Verlag
- die Lektorin Claudia Daiber
- Signor Matteo Di Gennaro, Königstraße Stuttgart

Im FALKEN Verlag sind zahlreiche Titel zum Thema »Essen und Trinken« erschienen.
Sie erhalten sie überall dort, wo es Bücher gibt.

Sie finden uns im Internet: **www.falken.de**

Der Verlag dankt folgenden Firmen für die freundliche Unterstützung:
Poole Pottery Limited, England
Le Terre, Müller und Bachstein, München
SCOF, Saint-Remy-Sur-Durolle (Frankreich)
Gunther Lambert GmbH, Mönchengladbach

Die köstlichen italienischen Gerichte aus diesem Buch wurden auf Agfachrome RSX II 100 fotografiert.

Dieses Buch wurde auf chlorfrei gebleichtem und säurefreiem Papier gedruckt.

Der Text des Buches entspricht den Regeln der neuen deutschen Rechtschreibung.

ISBN 3 8068 7476 X

Umschlaggestaltung: Eisele Grafik-Design, München / Peter Udo Pinzer
Layout: Eisele Grafik-Design, München
Lektorat: Claudia Daiber, Scheyern und Sabine Lemb, Flörsheim
Fließtexte und Glossar: Claudia Daiber, Scheyern
Redaktion: Birgit Wenderoth
Bildbeschaffung: Dr. Ruth Leners
Gestaltung und Herstellung: Petra Becker
Umschlagfotos: Foodfotos: **Studio Klaus Arras,** Köln; Fotos von Sante de Santis: **Reiner Schmitz,** München
Rezeptfotos, Foto S. 132/133 und alle kleinen Fotos ganz oben auf den linken Buchseiten (außer S. 6):
Studio Klaus Arras, Köln
Weitere Fotos im Innenteil: Bildarchiv Huber, Garmisch-Partenkirchen: S. 8 (Giovanni) und 13 (Stauffenberg); **Bilderberg,** Hamburg: S. 15 (Milan Horacek); **ScholzShootsPeople,** Ludwigsburg: S. 1, 2/3, 4, 5, 6, 7, 9, 10/11, 14, 42/43, 44, 47, 72/73, 77, 98/99 und 108/109; **Silvestris Fotoservice,** Kastl/Obb.: S. 101 und 113 (Wolfgang Korall), S. 74, 111 und 112 (Otto Stadler); **FALKEN Archiv: W. Feiler:** S. 11 u., 43 u., 73 u., 99 u., 133 u., 135 li., 137, 139, 140 und 141 / **U. Kopp:** S. 135 re. / **TLC:** S. 45, 109 u., 134, 136, 138 und 143
Gesamtkonzeption: FALKEN Verlag, D-65527 Niedernhausen/Ts.

817 2635 4453 6271